中国房地产估价师与房地产经纪人学会
地址：北京市海淀区首体南路 9 号主语国际 7 号楼 11 层
邮编：100048
电话：(010) 88083151
传真：(010) 88083156
网址：http://www.cirea.org.cn
http://www.agents.org.cn

全国房地产经纪人协理职业资格考试用书

房地产经纪操作实务

（第二版）

中国房地产估价师与房地产经纪人学会　编写

王　霞　主　编

黄　英　副主编

中国建筑工业出版社

图书在版编目(CIP)数据

房地产经纪操作实务/中国房地产估价师与房地产经纪人学会编写. —2版.—北京：中国建筑工业出版社，2018.5
全国房地产经纪人协理职业资格考试用书
ISBN 978-7-112-22140-0

Ⅰ.①房… Ⅱ.①中… Ⅲ.①房地产业-经纪人-中国-资格考试-自学参考资料 Ⅳ.①F299.233.55

中国版本图书馆CIP数据核字(2018)第084903号

本书是全国房地产经纪人协理职业资格考试用书的《房地产经纪操作实务（第二版）》分册，依据2018年最新大纲编写。共分为八章，第一章为房地产经纪业务类型及流程，第二章为房地产交易信息搜集、管理与利用，第三章为房地产经纪服务合同签订，第四章为房屋实地查看，第五章为房地产交易合同代拟，第六章为房地产交易资金结算，第七章为房屋查验和交接，第八章为房地产交易中的代办服务。

本书可供房地产经纪人员复习应考以及日常工作指导之用。

责任编辑：向建国　封　毅　张瀛天
责任校对：姜小莲

全国房地产经纪人协理职业资格考试用书
房地产经纪操作实务（第二版）
中国房地产估价师与房地产经纪人学会　编写
*
中国建筑工业出版社出版、发行（北京海淀三里河路9号）
各地新华书店、建筑书店经销
北京红光制版公司制版
河北鹏润印刷有限公司印刷
*
开本：787×960毫米　1/16　印张：13¾　字数：258千字
2018年5月第二版　2018年5月第九次印刷
定价：**32.00**元
ISBN 978-7-112-22140-0
(32026)

目　录

第一章 房地产经纪业务类型及流程

房地产经纪业务是指房地产经纪机构和经纪人员为获取报酬而从事的以促成房地产交易为核心内容的主要工作。房地产经纪业务有基本业务和延伸业务之分，基本业务是指房地产经纪机构从提供交易信息到促成交易合同签订这一阶段的服务，延伸业务是指交易达成后的代办贷款、代办登记等后续服务。房地产经纪人员要了解房地产经纪业务的主要类型、服务内容、办理流程等，进而为客户提供规范的服务。

第一节 房地产经纪业务类型及服务内容

一、房地产经纪业务分类

按不同的分类方式，房地产经纪业务可分为不同类型：

1. 根据标的房地产所处的市场类型，可以分为新建商品房经纪业务和存量房经纪业务。新建商品房经纪业务是以促成房地产开发企业新开发商品房交易为主的业务，如新建住宅小区的销售代理、写字楼招租代理等；存量房经纪业务是以促成二手房交易为主的业务。目前，我国房地产经纪业务以存量房经纪业务为主。

2. 根据房地产交易的类型，可以分为房地产买卖经纪业务和房地产租赁经纪业务。租赁经纪业务相对稳定，受房地产市场波动影响小，买卖经纪业务收费高，但受房地产市场波动影响较大，两种业务可互为补充，目前多数房地产经纪机构同时从事这两种经纪业务。

3. 根据标的房地产的用途，可以分为居住房地产经纪业务（或住宅经纪业务）和商业房地产经纪业务。居住房地产包括公寓、别墅、普通商品住宅等，商业房地产又可分为零售物业、各类批发市场、物流仓储用房、写字楼等类型。住宅房地产经纪业务市场需求大、成交周期较短，多数房地产经纪机构都以住宅经纪业务为主，目前开展商业房地产经纪业务的主要是一些大型房地产经纪机构或房地产咨询顾问机构。

4. 根据房地产经纪服务的方式，可以分为房地产居间业务和房地产代理业务。在居间业务中，房地产经纪机构属于中立的第三方，只为房地产交易双方提供撮合服务或促进成交，而在代理业务中，房地产经纪机构只能代表交易双方中某一方的利益，故分为买方代理和卖方代理两类。关于居间与代理的区别，可参见《房地产经纪综合能力（第二版）》房地产经纪行业一章中的内容。

二、我国现行房地产经纪业务类型

按照上述分类，现阶段我国房地产经纪实践中的主要业务类型有存量房买卖居间业务、存量房租赁经纪业务和新建商品房销售代理业务。存量房租赁经纪业务又分为租赁代理和租赁居间。现阶段我国房地产经纪主要业务类型如图 1-1 所示。

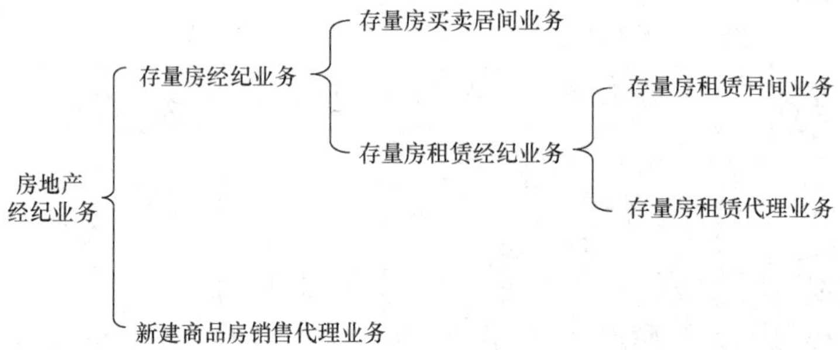

图 1-1　现阶段我国房地产经纪主要业务类型

存量房买卖居间是指房地产经纪机构及经纪人员按照房地产经纪服务合同约定，为存量房买卖双方报告订立房地产买卖合同的机会或者提供订立房地产买卖合同的媒介服务，并收取佣金①的经纪行为。

存量房租赁居间是指房地产经纪机构及经纪人员按照房地产经纪服务合同约定，为存量房租赁双方报告订立房屋租赁合同的机会或者提供订立房屋租赁合同的媒介服务，并收取佣金的经纪行为。

存量房租赁代理主要是出租代理，过去又称为“房屋银行”，是指房地产经纪机构及经纪人员按照房地产经纪服务合同约定，以出租人的名义代理出租房屋，并提供重新装修、增配家具家电等增值服务，在出租人授权范围内与承租人签订房屋租赁合同，向出租人收取佣金（或管理服务费）的经纪行为。

① 佣金是指房地产经纪机构完成受托事项后，由委托人向其支付的报酬。

新建商品房销售代理是指房地产经纪机构接受委托，按照房地产经纪服务合同的约定，以房地产开发企业的名义销售商品房，并向房地产开发企业收取佣金的经纪行为。

三、房地产经纪服务的内容

在存量房买卖居间业务中，房地产经纪机构提供的服务主要包括：提供买卖信息；提供交易流程、交易风险、市场行情和交易政策咨询；房屋实地查看和权属调查；发布信息及进行广告宣传；协助议价、交易撮合、订立房屋买卖合同；代办抵押贷款（如有需要）；协助交易资金结算及监管；协助缴纳税费，代办不动产登记（如有需要）；协助交验房屋等。

在存量房租赁居间业务中，房地产经纪机构提供的服务主要包括：提供租赁信息；提供市场行情和相关政策咨询；房屋实地查看和权属调查；发布信息及进行广告宣传；协助议价、交易撮合、订立房屋租赁合同；代办房屋租赁合同备案手续；协助缴纳税费；协助交验房屋等。

在存量房租赁代理业务中，房地产经纪机构提供的服务内容主要包括：市场行情和交易政策咨询；房屋实地查看和权属调查；发布信息及进行广告宣传；装饰装修和家具家电配备；代收代付租金；代办租赁合同备案手续；代缴税费；房屋交验等。由于这类业务在实践中通常由专门的租赁经营机构从事，经营模式多样且较为复杂，本书不做重点介绍。

在新建商品房销售代理业务中，房地产经纪机构提供的服务内容主要包括：市场调研；项目本体分析、竞争产品分析、客户定位等项目营销策划咨询；项目宣传及推广；对商品房进行销售；协助签订商品房买卖合同及房屋交验等。

第二节 存量房买卖居间业务流程

简单概括，存量房买卖居间业务的基本流程可分为五个阶段：①接受委托阶段；②调查推广阶段，③匹配带看阶段；④洽谈签约阶段；⑤结算交验阶段。存量房买卖居间业务的基本流程如图 1-2 所示。

一、接受委托阶段

（一）搜集房地产交易信息

房地产交易信息包括房源信息、客源信息和价格信息。信息搜集是开展房地产经纪业务的前提，在卖方市场（供不应求，卖方占优势的市场）上，房源信息

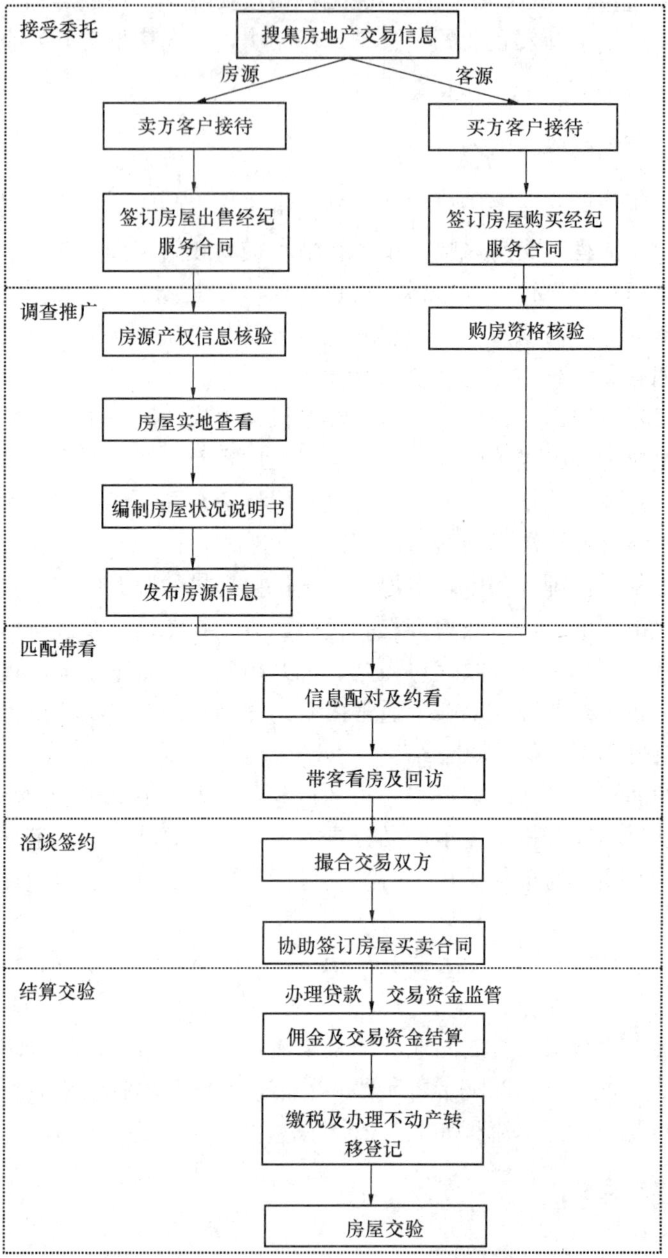

图 1-2　存量房买卖居间业务的基本流程

的搜集尤为重要。房地产经纪人员要掌握房源、客源开发的方法和渠道。房地产经纪人员为更好地协助卖方确定挂牌价格、协助买卖双方议价，需要搜集房地产价格及影响因素等信息。这部分内容在第二章专门介绍。

（二）客户接待

1. 卖方客户接待

接待卖方客户的基本流程如下：

（1）主体身份识别。为辨别委托人是否有权利处置房屋，需辨识其身份，包括是否是房屋所有权人、是否具有民事行为能力等。如客户不是房屋所有权人，提醒其须提供房屋所有权人出具的书面授权委托书。如房屋所有权人不具有完全民事行为能力，提醒其需要由监护人代为委托，并办理监护公证。

（2）了解卖房的原因和资金要求。为了解卖方对付款方式的要求，需要询问其对资金需要的迫切程度，如是否需要一次性付款，能否接受买方商业贷款或公积金贷款等。

（3）了解房屋本身的权利状况。为了解房屋是否符合出售条件，需了解房屋产权是否是共有，共有人是否同意出售；是否设有抵押，抵押权人是否同意出售；是否是限制出售的房产如经济适用住房、未购公有住房等。

（4）告知委托人必要事项。经纪人员需告知卖方房屋交易的一般程序及可能存在的风险，经纪服务的内容、收费标准和支付时间，房屋交易税费政策，房款交付程序，须由委托人协助的事宜、提供的资料等。

（5）告知委托人近期类似房地产成交价格，协助委托人初步确定房屋挂牌价格。

需要查看或提醒委托人准备下列材料：①房地产权属证书原件及复印件；②房屋所有权人的身份证明原件及复印件；③共有人同意出售证明；④受托人身份证明原件及复印件、授权委托书等。

2. 买方客户接待

接待买方客户的基本流程如下：

（1）核实买方的主体资格。经纪人员要查看买方客户的身份证明原件，辨别客户身份，包括是否具有购房资格、是否具有贷款资格等。如果购房人不具有完全民事行为能力，需要提醒其由监护人出面代为办理购房事宜。如父母为未成年子女购房，应由父母代为办理，若子女与父母的户口在一起，且户主为父亲或母亲的，不必做监护公证，若监护人只有1人时，则必须做监护公证。

如果客户是受他人之托办理购房事宜，提醒其需要提供购房人的身份证明、购房人委托其办理购房事宜的授权委托书等证明。

对有限购要求的城市，还要根据限购政策提供相关材料，如购房人的社保证明或个人所得税证明，有的地方还要求签订购房承诺书等。

（2）沟通对所购房屋的需求。包括区域、面积、户型、建筑年代等。

（3）询问购房预算。包括购房资金、是否需要贷款等。如未成年人购房需要办理贷款的，需要监护人和未成年人做共同购房人。

（4）告知房屋交易的一般程序及可能存在的风险。

（5）告知经纪服务的内容、收费标准和支付时间。

（6）告知拟购房屋的市场信息，提出建议。

（三）签订房屋买卖经纪服务合同

在确定卖方有权出售房屋，且委托出售的房屋具备出售条件后，房地产经纪人员应当尽快与卖方签署房屋出售经纪服务合同。接待买方且了解其需求后，与买方签订房屋购买经纪服务合同，明确委托事项和权限。实践中，由于我国目前房地产经纪业务普遍采取多家委托的方式，即买卖双方可能同时委托多家经纪机构提供经纪服务，因此他们可能对签订经纪服务合同有所抵触。但为了确保经纪业务的安全性，应尽量说服客户签订经纪服务合同，明确双方的权利义务。经纪服务合同应约定需要卖方协助的工作，包括协助到登记部门查询房地产权属信息、房屋实地查看等。这部分内容在第三章专门介绍。

二、调查推广阶段

（一）信息核验

对卖房委托而言，信息核验是对房源的产权信息进行核验，即到房地产管理部门或不动产登记部门查询委托出售房屋的产权情况，查明是否存在抵押、查封及其他限制出售的情形，确保委托出售房屋具备出售条件；对买房委托而言，是对购房人的购房资格进行核验，在有限购要求的城市，需要到房地产主管部门查询购房人的家庭所拥有的住房数量，每个城市的要求有所不同，要根据当地要求做好核验。

（二）房屋实地查看

除核验产权信息外，房地产经纪人员还要到房源现场进行查看，实践中也称之为实勘。房地产经纪人员要仔细核对委托出售的房屋是否与房地产权属证书描述信息一致，还要重点了解房屋的实物状况、区位状况和物业管理状况。

（三）编制房屋状况说明书

产权核验和实地查看得到的信息，要做好记录，并据此编制房屋状况说明书，让卖方签字确认。房屋状况说明书既可以作为房源的档案资料也可以用于房源宣传推广，这部分内容在第四章专门介绍。

（四）发布房源信息

实地查看房屋后，房地产经纪人员要根据房屋实际状况向卖方提供挂牌价建议，最终由卖方确定房屋挂牌价格。经纪人员要将收集到的房源信息及卖方确定的挂牌价格及时发布出去，吸引客源。发布的房源信息包括房屋的位置、面积、楼层、用途、建成年代、户型、报价、经纪人员的联系方式等。发布房源信息要真实，符合依法可以租售、租售意思真实、房屋状况真实、租售价格真实、租售状态真实的要求。房源信息的发布渠道包括经纪机构的门店和网站，以及专门的房地产信息发布平台等。发布房源信息还要遵循国家有关广告发布的法律要求。这部分内容在第二章专门介绍。

三、匹配带看阶段

（一）信息配对及约看

房地产经纪人员将房源信息和客源信息进行匹配，为买方推荐合适的房源，确定带看的次序。看房前，经纪人员要与买卖双方提前约定看房时间，带好相关资料。

（二）带客看房及回访

根据与客户约定的时间带客户看房，带看时要按照房屋状况说明书向买方介绍房屋的基本情况及优缺点。经纪人员须向买方一次性书面告知房屋的基本情况。看房后，经纪人员要对买方进行回访，了解其对所看房屋的满意程度。根据买方反馈，进一步分析买方的购买需求，再次匹配带看，直到满意为止。这部分内容在第四章专门介绍。

四、洽谈签约阶段

（一）撮合交易双方

如果带看结果满意，经纪人员要再次核查房屋产权状况，确认房屋是否可以交易，再次确认买方是否具备购房资格及了解其征信状况，预判买方的贷款资质。核实无误后，经纪人员协助买卖双方协商价格，直至买卖双方达成一致。

（二）协助签订房屋买卖合同

买卖双方达成交易意向后，房地产经纪人员要协助买卖双方洽谈房屋买卖合同的相关条款。房屋买卖合同应使用政府部门制定的示范合同文本。合同签订前，房地产经纪人员要做到以下事项：①告知买卖双方签约的注意事项；②查验房地产权属证书及买卖双方的相关证件；③为买卖双方详细讲解合同条款，重点讲解双方责任义务、违约条款、违约金、滞纳金、付款方式等条款。

买卖双方对上述告知事项知晓并理解后，可签订房屋买卖合同。如果买卖双方还未与房地产经纪机构签订房地产经纪服务合同，须在这个阶段补充签订。根据交易的具体情况，如房屋有无抵押、买方是否贷款等，签订相关的补充协议。

如所在城市有房屋买卖合同登记备案的要求，房地产经纪人员要协助进行备案。这部分内容在第五章专门介绍。

签订房屋买卖合同后，该套房源信息要及时从所有发布渠道撤下。

五、结算交验阶段

（一）佣金及交易资金结算

佣金是房地产经纪服务的合法报酬，买卖双方签订房地产买卖合同后，经纪机构就可以按照房地产经纪服务合同的约定收取佣金。对房地产经纪服务收费有相关规定的城市，房地产经纪机构制定的佣金标准要符合规定，并明码标价，不得索取佣金以外的其他报酬，更不得赚取房屋交易差价。

买方要按照买卖合同约定的价款及支付方式向卖方支付相应的款项（一般先支付一定比例的首付款）。在实行交易资金监管的城市，房地产经纪人员要向买卖双方推荐进行交易资金监管以确保交易安全，并协助办理监管手续。如买卖双方坚持自行划转交易资金，则需要买卖双方签订交易资金自行划转的声明。交易资金结算的内容在第六章专门介绍。

如买方需要办理抵押贷款，房地产经纪人员要告知买卖双方贷款办理的流程及要求，如经纪服务合同约定由经纪人员代办的，要按合同约定办理。如房屋在出售前已设定抵押，要先行办理抵押权注销手续。

（二）缴税及办理不动产转移登记

资金监管及贷款获得批准后，房地产经纪人员要协助买卖双方到税务部门缴纳税费，到不动产登记机构办理转移登记手续。登记部门向买方发放新的不动产权证书后，大部分交易资金（一般是除尾款外的全部价款）可划转到卖方账户。

（三）房屋交验

卖方收到大部分交易资金后，依据买卖合同约定的时间向买方交付房屋。房地产经纪人员要协助买方对房屋内部进行查验，包括房屋内部是否完好，赠送的装修、家具是否齐全等；协助结算物业服务费、水、电、燃气、电话费、维修资金等费用；协助完成燃气、有线电视等过户手续；协助买方点收钥匙，并让买卖双方在房屋交接单上签字确认。这部分内容在第七章专门介绍。

第三节　存量房租赁居间业务流程

存量房租赁居间的业务流程与存量房买卖居间经纪业务大致相同，只是不涉及房源产权信息核验、代办抵押贷款、交易资金监管和不动产转移登记等环节，存量房租赁居间业务的基本流程如图 1-3 所示。

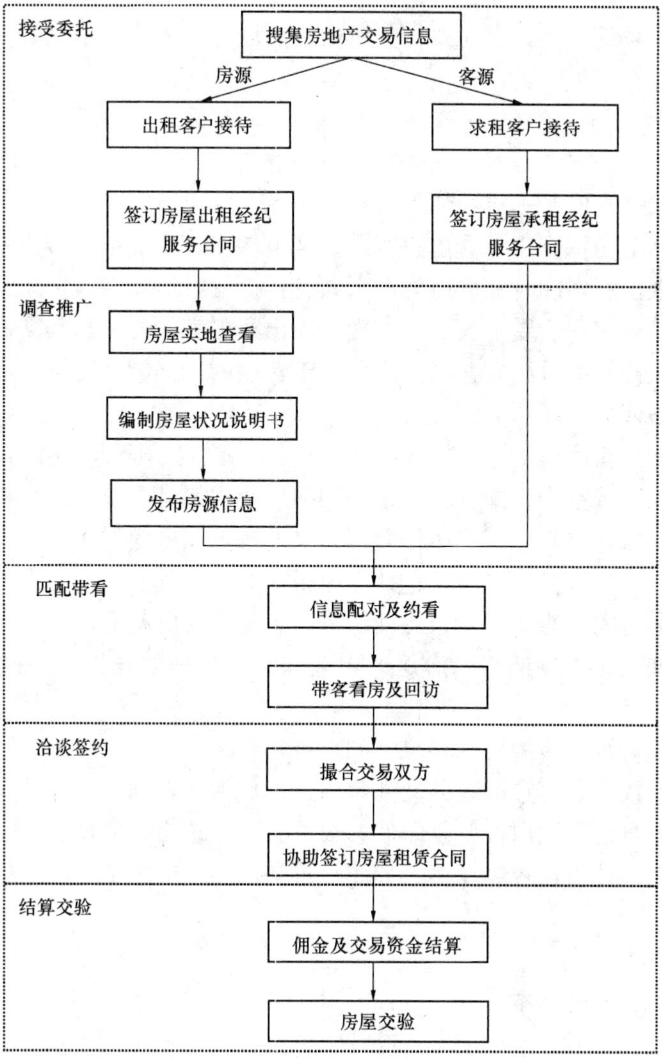

图 1-3　存量房租赁居间业务的基本流程

一、接受委托阶段

（一）搜集房地产交易信息

为做好存量房租赁居间业务，经纪人员要不断搜集信息，积累客户。存量房租赁经纪业务房源信息是出租客户委托房地产经纪机构出租的房屋的信息，包括出租方的信息和出租房屋的信息两部分。存量房租赁经纪业务客源信息是委托求租房屋相关的信息，包括承租方的信息及其房屋需求信息。房地产经纪人员为更好提供租赁市场信息咨询，还要搜集所负责区域的房屋租金信息。这部分内容在第二章专门介绍。

（二）客户接待

1. 出租客户接待

接待出租客户的基本流程如下：

（1）主体身份识别。查看出租客户真实有效的身份证明及房地产权属证书，以确保其有权出租房屋。如房屋为多人共有，提醒客户需要提供共有人同意出租的书面证明。如客户为受他人之托办理房屋出租事宜的，提醒其需提供有权出租房屋的权利人出具的授权委托书。房屋属于转租的，提醒其需提供房屋所有权人同意转租的证明。

（2）了解出租房屋的基本情况。包括房屋的位置、面积、结构、附属设施，以及家具和家电等室内设施状况，还要询问出租房屋是否属于法律法规不允许出租的房屋，是否符合当地人均居住面积的最低要求以避免群租等。

（3）告知委托人必要事项。包括房屋租赁的一般程序，经纪服务的内容、收费标准和支付时间，需要委托人协助的事项、提供的资料等。

（4）告知委托人近期类似房地产租金水平，协助委托人初步确定房屋挂牌租金。

（5）沟通对承租人的特殊要求（如果有）。

需要查看或提醒客户准备的文件包括：①房地产权属证书原件及复印件；②房屋所有权人身份证明原件及复印件；③共有人同意出租的证明；④受托人身份证明原件及复印件、授权委托书（如属代办）；⑤房屋所有权人同意转租的证明（如为转租）。

2. 承租客户接待

接待承租客户的基本流程如下：

（1）沟通其对房屋的需求。包括区域、面积、户型、附属设施、家具、家电等。

(2) 询问承租方租赁用途及心理价位。

(3) 告知承租方经纪服务的内容、收费标准和支付时间。

(三) 签订房屋租赁经纪服务合同

在确定出租客户有权出租房屋，且委托出租的房屋具备出租条件后，房地产经纪人员应当尽快与出租方签署房屋出租经纪服务合同；接待承租客户后，与其签署房屋承租经纪服务合同。这部分内容在第三章专门介绍。

二、调查推广阶段

(一) 实地查看房屋

房地产经纪人员要亲自到现场查看委托出租的房屋，核实房屋的基本情况，并与出租方提供的房屋资料进行核对，确保两者相符。查看内容主要包括出租房屋的实物状况、区位状况及内部家具家电情况等。

(二) 编制房屋状况说明书

实地查看房屋后，经纪人员需要编制房屋状况说明书，并请出租方签字确认。出租房源的房屋状况说明书与出售房源的房屋状况说明书的侧重点有所不同，出租房源要注重对房屋内部家具家电情况的说明。这部分内容在第四章专门介绍。

(三) 发布房源信息

房地产经纪人员根据房屋实际状况向出租方提供挂牌租金建议，由出租方确定最终挂牌租金后，可通过多种渠道发布房源信息。发布的房源信息要包括房屋的位置、总面积、出租面积、楼层、户型、挂牌租金、家具家电配备、合租或整租（如合租，要说明合租者的基本情况）、经纪人员的联系方式等。这部分内容在第二章专门介绍。

三、匹配带看阶段

(一) 信息配对及约看

房地产经纪人员要将房源与客源信息进行匹配，为承租方推荐合适的房源，确定带看次序，带看前要与租赁双方预约好时间。

(二) 带客看房及回访

带看过程中，要根据房屋状况说明书向承租方详细介绍房屋的基本状况及优缺点。配对和带看可能要反复几次，承租客户才能找到合适的房源。这部分内容在第四章专门介绍。

四、洽谈签约阶段

（一）撮合交易双方

承租人明确承租意向后，房地产经纪人员要再次核查房屋权属状况，确认房屋是否可以出租，以及出租方是否有权出租该房屋。核实无误后，房地产经纪人员要协助租赁双方协商租金，直至双方满意。期间，承租人可能会提出对家具家电配备等方面的要求，经纪人员要积极协调。

（二）协助签订房屋租赁合同

房屋租赁双方对房屋租赁事项达成一致后，可签订房屋租赁合同。合同签订前，房地产经纪人员要做到以下事项：①要引导租赁双方协商租赁合同的相关条款，包括租金的缴纳方式等；②查验相关文件，包括租赁双方的身份证明、房地产权属证书、共有人同意出租的证明等；③要提醒租赁双方签订合同的注意事项；④为租赁双方详细讲解合同条款，特别是双方的责任义务、违约条款、违约金、付款方式等。

租赁双方理解上述告知事项后，可签订房屋租赁合同。如果租赁双方还未与房地产经纪机构签订房地产经纪服务合同，在这个阶段须补充签订。

租赁双方签订房屋租赁合同后，房地产经纪人员应当协助租赁双方到市、县人民政府房地产管理部门办理租赁合同登记备案，也可代办具体登记备案事项。

五、结算交验阶段

（一）佣金及交易资金结算

租赁双方按照房地产经纪服务合同约定向房地产经纪机构支付佣金，房地产经纪机构向佣金交纳方开具佣金发票。

房地产经纪人员应提醒承租方按照合同约定向出租方交纳押金及租金，押金一般为一个月的租金。出租方向承租方开具押金收据和租金收据。如承租方不能一次性缴足押金和租金，租赁双方须在合同上约定补足的时限及违约责任。这部分内容在第六章专门介绍。

（二）房屋交验

出租方收到租金和押金后，房地产经纪人员要协助租赁双方完成交接手续，安排租赁双方认真填写或核实房屋交接单，直至完成钥匙交接。房地产经纪人员主要协助承租方检查以下事项：①房屋内部是否完好，房屋内有关家具、电器等设施能否正常使用；②记录水电燃气表等仪表读数；③协助承租方点收钥匙，并在房屋附属设施、设备清单上签字确认。这部分内容在第七章中详细介绍。

第四节　新建商品房销售代理业务流程

新建商品房销售代理业务一般分为独家代理和共同（联合）代理两种形式，独家代理指商品房的出售单独委托给一家房地产经纪机构。共同（联合）代理则指商品房的出售委托给多家房地产经纪机构，按销售额多少分配收益的一种代理方式。

新建商品房销售代理业务的基本流程包括：①接受委托阶段；②销售筹备阶段；③现场销售阶段；④协助签约阶段；⑤交验结佣阶段。新建商品房销售代理业务的基本流程如图 1-4 所示。

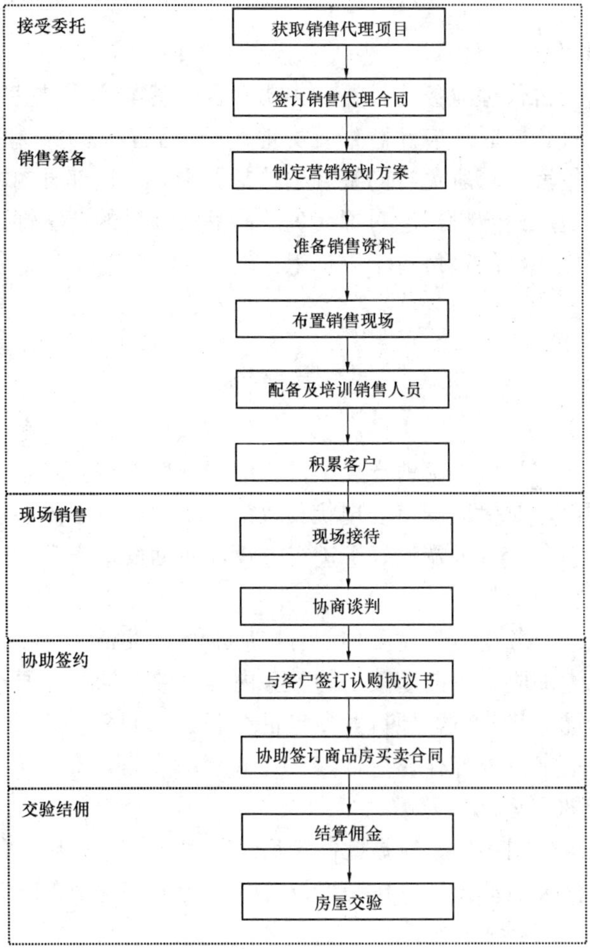

图 1-4　新建商品房销售代理业务的基本流程

一、接受委托阶段

（一）获取销售代理项目

房地产经纪机构获取销售代理项目的方式可分为“主动寻找”与“被动接受”两种。“主动寻找”即房地产经纪机构主动出击，通过开展关系营销、参加项目招投标等多种途径搜寻新建商品房项目销售代理的信息，与项目负责人洽谈，向其展示销售能力以及代理过的成功案例。“被动接受”则是指房地产开发企业在对比不同经纪机构规模、业绩、专长及客源等资源基础上，或依据与房地产经纪机构合作经历，主动与目标房地产经纪机构联系，要求其提供销售代理服务。

（二）签订销售代理合同

新建商品房销售代理业务比较复杂，明确合同基本事项是签订销售代理合同的重要前提。签订合同时还应注意查看房地产开发企业证明材料及项目资料等，严格按照合同的签署要求避免合同签订中的常见错误。这部分内容在第五章专门介绍。另外，房地产经纪机构应对拟代理的商品房项目的合法性进行把关，对于不符合预售或现售条件的项目应予以拒绝。

二、销售筹备阶段

（一）制定营销策划方案

1. 做好市场定位

销售代理合同签订后，房地产经纪机构应根据房地产开发企业提交的项目资料，基于市场调研，对房地产市场现状及政策环境、项目本体特征、项目周边市场的竞争状况、消费者行为及偏好等进行分析，协助房地产开发企业进行精准的项目定位及目标客户定位。

伴随销售代理业务竞争日益激烈，有些房地产开发企业将项目前期策划作为项目销售代理的附加服务。前期策划的服务内容大致包括项目所在区域政策环境分析，项目本体优劣势分析，项目竞争产品分析、项目定位及目标客户定位等，其部分内容与市场定位内容存在重合。

2. 制定宣传推广营销策略

项目的市场定位明确后，应据此制定后续的宣传推广策略，包括项目形象展示、媒介策略、公关活动及现场包装建议等。宣传推广营销策略要兼顾项目的营销总费用、预算来编制和实施。

3. 制定销售计划

按照项目销售任务的铺排，可将房地产销售分为预热期、公开销售期、持续在售期和尾盘销售期，不同时期的销售任务量有所不同。销售计划的作用一是通过对比实际执行效果与计划指标的差异，找到原因并及时调整营销方案，以保证总体销售目标实现。二是不同销售期的营销策略重点不同。如预热期的重点是整个项目的形象推广，无需涉及项目具体情况，该阶段广告的作用尤为突出。而尾盘期则以配套工程竣工为主，可辅助以适度的价格策略。

在销售代理实践中，尤其在主动寻找销售代理项目时，为向房地产开发企业展示公司实力，项目营销策划方案的制定一般在前面所讲的“委托阶段”就已完成，接受委托后的工作则主要是对之前的营销策划方案进行修改完善。

（二）准备销售资料

销售资料包括项目审批文件、销售文件、宣传资料及房地产经纪机构代销的证明文件等。

1. 项目审批文件

国家对未竣工项目和竣工项目的销售分别设定了不同的法律条件，且要求在项目销售现场予以公示，以便购房客户查阅并实现信息透明化。重要的审批文件包括“五证”“两书”。其中，“五证”指《国有土地使用证》《建设用地规划许可证》《建设工程规划许可证》《建筑工程施工许可证》《商品房销售（预售）许可证》；“两书”指《住宅质量保证书》《住宅使用说明书》。

2. 销售文件

（1）价目表

价目表可以标注每套房的单价，也可总价与单价同时标注。最终确定并用于销售的价目表需要房地产开发企业加盖公章，以作为当期交易的价格依据。

房地产经纪人员必须熟悉每个单位房号对应的实际房源状况，以及不同房号之间的关系，为了在销售过程中更好地引导客户，经纪人员应熟记价目表。

（2）销控表

销控表直接体现不同房号（单元）的销售状况，也是避免同一房号重复销售的重要工具之一，有助于准确地向客户推介房屋。因此，房地产经纪人员应及时更新已售房号或未售房号。

（3）客户置业计划

不同面积、不同楼层、不同朝向的房屋总价也不相同，故项目推向市场前应制订完善的客户置业计划，据此向购房人展示不同房屋在不同付款方式下所需支付的金额，有助于客户根据其经济实力选择所需房屋。

（4）须知文件

包括购房须知、购房相关税费须知及抵押贷款须知等。购房须知是为让购房者明晰购买程序而事先制定的书面文件。购房相关税费须知是向购房人说明购房相关税费及收费标准的有关文件。抵押贷款须知应由贷款银行提供，一般包括办理抵押贷款的手续和程序、办理抵押贷款的条件和需要提供的资料、抵押贷款的方式、抵押贷款的注意事项等。为便于向购房人介绍购房有关内容，房地产经纪人员对这些须知文件应了然于心。

（5）商品房认购协议书或意向书

商品房认购协议书或意向书是买卖双方在签署商品房预售合同或买卖合同前所签订的文书，是对双方交易房屋有关事宜的初步确认。即开发企业承诺在一定期间内不将房屋卖给除认购人以外的第三人，认购人则保证在此期间内与开发企业商谈买房事项时遵循协议约定条款。商品房认购协议书中一般确认拟购买商品房的位置、朝向、楼层、房价及签订商品房买卖合同的时间。

（6）商品房买卖合同

买方决定购买后，要与房地产开发企业签订正式的买卖合同。房地产经纪人员要了解合同文本的内容和签订的注意事项。这部分内容在第五章专门介绍。

3. 宣传资料

宣传资料是将项目的定位、产品、建筑风格等信息，以画面、文字、图示的方式传递给客户，以提升客户对项目的感知，一般包括楼书、户型手册、宣传页、宣传片等。

4. 商品房销售委托书

因由房地产经纪机构代理销售，应当向购房人出示商品房的有关证明文件和商品房销售委托书，以便购房人了解委托内容。

（三）布置销售现场

房地产项目销售前，为将项目的质量品质、房企品牌影响力、服务体验等有形和无形的价值点成功传递给客户，达到促进客户购买决策的效果，需要对包括售楼处、样板间、看房通道、形象墙、导示牌等销售现场进行包装。

（四）配备及培训销售人员

1. 组建销售团队

房地产销售中，一般根据项目的销售阶段、销售目标、宣传推广等因素确定销售人员数量，并根据实际销售情况进行动态调整。招聘销售人员时，应注重基本的专业素质和沟通能力的考察。

2. 培训销售人员

培训内容包括房地产开发企业基本情况、销售项目基本情况、销售技巧及签订买卖合同的程序等。

（五）积累客户

在正式开盘前，房地产经纪人员通过项目宣传推广及多种渠道积极拓展客户，吸引潜在购房客户进行电话或现场咨询，以确保正式销售时来访客户数量及良好的销售氛围，同时通过客户积累可初步了解客户购买需求及购买诚意度，以便更好地调整营销方案。

三、现场销售阶段

现场销售是商品房销售代理业务中的主要工作，包括现场接待、了解客户的购买意向和需求、协商谈判、签订商品房认购协议书、协助签订商品房买卖合同等关键环节。

（一）现场接待

现场接待是展示项目优势最直观的方式，也是获取购房客户最有效的途径。因此，房地产经纪人员应重视现场接待工作。现场接待的流程一般为：

（1）及时接待来访客户，简洁明了地做自我介绍。

（2）通过讲解区域、沙盘、模型、观看项目影像等，向购房客户介绍项目的基本情况。

（3）参观样板间及园林等配套景观，突出亮点。

（4）返回售楼处与买方客户深入洽谈。

现场接待时除了注重仪容仪表，态度亲和，服务周到外，房地产经纪人员还应仔细倾听，及时捕捉购房客户需求，有针对性地介绍产品，要熟悉项目及周边竞品情况，以客观全面地回答购房客户问题，展现专业形象。房地产经纪人员接待中常犯的错误有：对客户有成见，不认真做介绍；有优越感，不仔细聆听客户谈话；过于功利，一味要求客户购买；不够专业，未充分掌握项目信息；为了促成成交，贬低周边竞品；超范围承诺或提供虚假信息。

（二）协商谈判

购房客户达成初步购买意向后，房地产经纪人员应根据客户需求推荐房屋，计算不同意向房号的房屋总价，并考虑客户的购买力，制定不同的置业计划，计算出不同贷款方式和不同还款方式下的还款额，最终确定意向房号。

四、协助签约阶段

（一）协助客户签订认购协议书

购房客户确定房号后，房地产经纪人员即可协助其签订商品房认购协议书。签订前，房地产经纪人员要做到以下事项：①确认购房客户是否具有购房资格（限购背景下）与贷款资格（如需要贷款）；②核实购房人有效身份证件，如委托他人买房，购房客户应出示公证委托书；③提醒购房客户查看购房须知、了解购房风险；④向购房客户解释商品房认购协议书条款内容，尤其是签订认购协议书后是否可更名或换房；约定办理商品房买卖合同签署的时间及所需文件，以及抵押贷款等购房手续等。

客户认同协议书内容并缴纳认购定金后，即可签订《商品房认购协议书》。协议书签订后，房地产经纪人员应在销控表上注明该套房屋已出售。需要说明的是，认购协议书的签订并不是商品房销售代理业务中必须的流程。这部分内容在第五章中详细介绍。

（二）协助签订商品房买卖合同

在认购协议书约定时间内，房地产开发企业应与购房人签订商品房买卖合同。签订前，房地产经纪人员应协助做好以下事项：①在商品房认购协议规定时间内预约客户办理《商品房买卖合同》签订手续，并提醒客户应携带的材料；②查验客户《商品房认购协议》及定金收据，审核客户身份证、户口本、婚姻证明以及其他相关资料；③带领客户交纳购房款；一次性付款则交纳全款，抵押贷款则交纳首付款；④在具备网上签订合同条件的城市，通过网签系统填写商品房买卖合同有关内容，并正式打印合同，不具备网上签订条件的地区，则事先准备好商品房买卖合同；⑤就购房事项向购房人进行说明，包括解释《商品房买卖合同》有关条款，应纳税费明细等。

五、交验结佣阶段

房地产开发企业与房地产经纪机构根据房地产经纪服务合同的有关内容，确认商品房销售代理佣金额。房地产开发企业支付佣金后，房地产经纪机构应开具发票。房地产经纪机构无权向买受人收取任何费用。

房屋交验是商品房销售代理的最后环节。房地产经纪人员根据《商品房买卖合同》《住宅质量保证书》《住宅使用说明书》《建设工程竣工验收备案证明》等文件，协助买方对房屋面积、设施设备、装饰装修、建筑质量等状况进行验收，并办理交接手续。这部分内容在第七章专门介绍。

房地产经纪人员应按照不同业务的操作流程为交易双方提供规范的服务，同时，在从事经纪活动中，要严格遵守职业道德和执业规则。中房学于2006年制定并发布了《房地产经纪执业规则》，于2013年进行了修订，房地产经纪人员要熟悉这些规则，恪守职业道德。《房地产经纪执业规则》详见附录一。

复习思考题

1. 现阶段我国房地产经纪主要业务类型有哪些？
2. 各种房地产经纪业务的服务内容主要有哪些？
3. 存量房买卖居间业务的流程是怎样的？
4. 存量房买卖居间业务中需要查看哪些文件？
5. 存量房租赁居间业务的流程是怎样的？
6. 存量房租赁居间业务中需要查看哪些文件？
7. 新建商品房销售代理业务的流程如何？
8. 如何制定新建商品房营销策划方案？
9. 新建商品房销售代理业务中需要准备哪些文件？
10. 房地产经纪执业规则的主要内容有哪些？

第二章 房地产交易信息搜集、管理与利用

房地产交易信息是房地产经纪机构和房地产经纪人员开展业务所必须依托的重要资源，是房地产经纪机构赖以生存和发展的基础资料，也是决定其市场竞争力的重要因素。房地产交易信息包括房源信息、客源信息和房地产价格信息。房地产交易信息的搜集、管理与利用是指对房地产交易信息进行搜寻、鉴别、分类、整理、维护、储存以及查询、分析使用的全过程。房地产交易信息的搜集、管理与利用是房地产经纪人员的核心技能之一，也是房地产经纪人员必须熟练掌握的第一技能。

第一节 房源信息的搜集、管理与利用

一、房源与房源信息

（一）*房源*

1. 房源的含义

房源是指供出租或者出售的住房等房屋，亦即不动产权利人有意愿出售或出租的房地产。在房地产经纪服务中，一宗房地产要成为房源，必须具备下列两个条件：

（1）可依法在市场上进行交易，即能够出租、转让或抵押。不得出租、转让和抵押的房屋不能成为房源。

（2）房屋权利人有交易的意愿，并采取了相应的委托行动。若房屋权利人所持有房屋仅用于自住，并无交易意愿，则该房屋就不能成为房源；若房屋权利人对其持有房屋有交易意愿，但未采取委托行动，则房地产经纪机构和房地产经纪人员无从知悉该房屋的存在，这样的房屋也不能成为房源。

2. 房源的属性

房源具有三大属性，物理属性、法律属性和心理属性。房源的物理属性是指房屋自身及周边环境的物理状态，如房屋的地段、建成年代、面积、朝向、户型

和配套设施等，它们决定了房源的使用价值，因此在一定的程度上决定了房源的市场价值。在交易过程中这些属性通常是固定不变的，并且不存在物理属性完全相同的两套房源。房源的法律属性主要包括房源的合法用途及其权属状况。房源的权属状况一般由特定的法律文件如不动产权证书来界定。房源的心理属性是指委托人在委托过程中的心理状态，而这种心理状态往往会随着时间的推移而变化，从而对房源的一些要素如挂牌价格产生影响。

3. 房源的分类

为了提高成交效率，房地产经纪人员需要在日常工作中培养房源细分的能力，识别哪类房源属于优质房源，哪类房源的成交率最高。一般来说，房地产经纪人员可以通过比较分析影响房源成交率以及成交周期的若干因素，将房源分成不同的等级。例如，可以依据房屋的市场需求以及销售的难易程度将其分为 A 类和 B 类房源。A 类房源是指销售难度较小，销售周期较短的房源。例如具备合法的交易资格、委托人出售意向坚定、产权清晰、区位良好、卖方心理价位接近市场价格的房源，可归为 A 类房源，这类房源可作为房地产经纪机构推广的重点房源。B 类房源是指销售难度较大，成交周期较长的房源，如存在某些瑕疵、委托人出售意愿不强烈或者存在其他交易障碍的房屋。房源的分类依据及特征参见表 2-1。

房源类型分类表　　**表 2-1**

房源类型	分类依据	特征
A 类房源	符合下列全部条件： 1. 地理位置较好或处于热销地段 2. 卖方心理价位合理 3. 卖方主动积极配合 4. 具备合法上市产权	1. 市场需求旺盛 2. 销售难度小 3. 销售周期较短 4. 有房源钥匙
B 类房源	符合下列条件中的某一项或几项： 1. 地理位置较差 2. 价格较高或没有竞争力 3. 业主配合不积极 4. 产权不清或有其他阻碍成交的问题	1. 市场需求小 2. 销售难度大 3. 销售周期较长 4. 无房源钥匙

（二）房源信息

1. 房源信息的含义和内容

房源信息通常是指与委托出售（或出租）房屋相关的信息。一个有效的房源信息，包括房地产权利人信息、房地产状况、挂牌要求等基本要素。

房地产权利人信息主要包括委托人的姓名、联系电话等，在签署独家代理委托协议时还需要留下委托人的身份证复印件，以保证信息的真实性。如果委托人不是房屋所有权人，还要要求委托人提供房地产所有权人的相关信息及经公证的授权委托书。

房地产状况包括房屋的实物状况、产权状况、区位状况和物业管理状况等。如房地产的位置、权属证明材料、产权性质（如房改房、商品房等）、实际用途（出租、自住等）、面积、楼层、装修、朝向、家具电器、户型、停车位、物业管理收费标准及是否有银行抵押贷款等。为了更好地开展经纪业务，房地产经纪人员应进行房屋实地查看。并详细调查和记录房地产状况的相关信息。

挂牌要求主要包括委托人确定的出售或出租价格，以及交房日期、税费支付方式等。挂牌要求是动态的，即当时的挂牌要求可能随着时间的推移，根据市场和供求关系的变化等而发生变化。

另外，房源的其他信息，如信息来源、委托人是否愿意独家代理等，也应当在房源信息中加以标注。

二、房源信息搜集

房源信息搜集简称房源开发，是房地产经纪人员的一项重要工作。房源信息不会凭空产生，房地产经纪人员必须深入了解搜集房源的渠道、掌握基本的搜集方法，进而获得丰富而有效的房源资料，为房地产经纪服务工作的顺利开展奠定基础。

房源信息搜集的渠道和方法包括：

（一）门店接待获取

门店接待是指房地产经纪人员利用房地产经纪机构开设的门店，接受房地产权利人委托，获得房源信息的方式。门店接待是房地产经纪人员比较传统的收集房源信息的方式，也是目前最常用的方式。

（二）利用媒体获取

利用媒体获取房源信息是指房地产经纪人员利用网站、报纸、电视、广播、微信等媒体，接受房地产权利人委托，获取房源信息的方式。随着现代信息技术的发展，媒体中的网络媒体成为房源获取的主要渠道。实力较强的房地产经纪机构通过建立自己的网站，接受房地产权利人委托；更多的房地产经纪机构则通过公共的房地产网络媒体获取信息。

（三）电话接听获取

电话接听获取房源信息可分为电话接待和致电客户获取两类。电话接待是指房地产经纪人员通过接听来电，接受房地产权利人委托，获得房源信息的方式。致电客户获取是指对老客户进行回访，询问是否有出售或出租房屋的意愿。致电客户获取房源要注意在合适的时间段联系客户，不宜过早或过晚的时间致电，以免对他人造成骚扰。

（四）通过熟人推荐获取

熟人推荐是指房地产经纪人员以其优质的专业服务，获得房地产权利人或者客户认可，他们将拥有房源的同事、亲属、朋友等推荐给经纪人员使其获取房源信息的方式。熟人推荐现在越来越受到房地产经纪机构的重视。

（五）社区维护获取

社区维护获取，是指房地产经纪人员在居住社区开展宣传活动、陌生拜访或者为该区域居民提供房地产咨询服务，引起房地产权利人的关注，从而获取房源信息的方式。对于拥有较多 A 类房源的大型住宅区，房地产经纪人员应重视这种房源的获取方式。

（六）联系有关单位获取

有关单位是指拥有大量房地产的单位，如房地产开发企业、建筑施工企业、大型企事业单位、资产管理公司、金融机构等。有些房地产开发企业不精通市场营销，故将开发的项目委托给房地产经纪机构销售。也有些房地产开发企业自行销售一段时间后，从节约成本的角度出发，将“尾盘”委托给房地产经纪机构销售。由于资金紧张，有些房地产开发企业将开发的房地产用于抵消工程款、材料款，使得建筑施工企业有时也拥有大量的房地产。建筑施工企业通常不擅于市场营销，故委托房地产经纪机构销售。有些大型企事业单位拥有大量的土地，并与房地产开发企业合作开发，满足单位员工的住房需要后，还剩下大量的房地产，需要房地产经纪机构代理销售。另外，资产管理公司和金融机构往往因为债务人到期未能偿还贷款，而获得了抵押房地产的处分权，他们需要将这些房地产变现，并因此产生房地产经纪服务的需求。

三、房源信息管理

房源信息的管理包括对房源信息的整理、共享、维护以及更新等内容，是使房源信息得以有效利用，发挥最大作用的基础和前提。

（一）房源信息的整理

房源信息的整理通常包括对房源信息的分类、记录和储存几个环节。房源信息通过加工整理之后，通常以表格、图片、文字报告等形式展现出来。其中表格又是最常见的形式。

1. 房源信息的分类

房源信息分类是将不同的、杂乱无序的房源信息按一定标准、方法加以整理归类。分类的目的主要是便于房地产经纪人员和客户根据其需求迅速查询到合适房源，并实现配对。房源信息的分类方法多种多样，比如按房地产的使用目的分为住宅与商业房源；按交易目的分为个人出租与个人出售的房源；按房地产价格分为如50万元以下的房源、50万～150万元房源以及150万元以上的房源；按房地产的特点划分为地铁房、次新房等。

2. 房源信息的记录和储存

房源信息的记录和储存是对分类后的房源信息进行具体的文字整理过程，并加以恰当储存，这是房源信息整理过程中最关键的工作。目前，对房源信息的记录和储存主要有以下几种方式。

（1）纸张载体

将房源的有关信息记录在纸张上，按照一定的标准装订成册，这是以“纸张”作为载体的房源信息处理方式。这种方式的缺点是对房源资料查询、更新的效率较低。目前，只有小型的单店式房地产经纪机构还采用这种方式管理房源信息。

（2）计算机

利用计算机记载、更新房源信息，比“纸张载体”的效率高，但相对于更先进的计算机联机系统而言，它在信息共享等方面仍存在较大不足，因此具备足够经济实力的经纪机构，往往投入巨大的成本，建立计算机联机系统。

（3）计算机联机系统

互联网技术的发展，使房源信息的处理更为便捷，信息的传递也更为通达。这是目前许多大型房地产经纪机构所采用的房源信息处理方式。它具有超大容量的信息存储、自动化的信息处理和快速传输等特性，大大提高了房源信息处理的效率。计算机联机系统大大提高了房地产经纪机构的从业人员协同办公的意识，比如某个房地产经纪人员跟业主沟通后，把最新的情况写在了备注里，通过联机系统，其他同事很快就可以了解到该信息。

另外，随着互联网的普及，越来越多的人开始在网络上搜寻房源信息。例如有一些网站允许用户发布房屋的供求信息，即不通过经纪机构，买方和卖方也有可能达成交易。所以许多大型经纪机构顺势而为，建立了自己的网站把相关的房源信息在第一时间发布到了网络上供用户选择利用，从而扩大了房源的获取机会。

记录房源信息的常用表格一般包括楼盘信息调查表（如表 2-2）、委托出售的房源信息登记表（如表 2-3、表 2-4）以及委托出租的房源信息登记表（如表 2-5）等，房地产经纪机构可以根据自身的情况设计相关表格。

楼盘信息调查表 **表 2-2**

项目名称： 调研人： 调研时间：

楼盘基本信息	地理位置					电话	
	开发企业				销售代理机构		
	占地面积				建筑面积		
	容积率				绿化率		
	物业服务企业				物业服务费		
	总户数				当期户数		
	物业类型	普通住宅、公寓等			产权年限		
	车位配比				交房时间		
	装修标准				最近开盘时间		
	开盘房源						
	小区内配套						
周边配套	主要交通路线				公园绿化		
	就医条件				银行金融		
	就学条件				娱乐餐饮		
	购物环境						
	周边竞争楼盘						
产品信息	在售户型	一室一厅	二室一厅	三室一厅	……	……	……
	面积区间						
	得房率						
	套数						
	所占比例						
	销售率						
	在售均价						
营销信息	付款方式优惠	一次性			抵押贷款		
	营销推广主题						
	销售方式及现状						
	营销动作						
工程进度							
项目概况							

房源信息登记简表（存量房出售） 表 2-3

委托编号	楼盘名称	具体位置	房号	房型	面积	报价	装修	委托人	联系电话

房源信息登记详表（存量房出售） 表 2-4

※ 房屋地址：
※ 建成年份： 年 ※ 所在片区：

※ 面　积：□ 建筑面积 平方米
※ 户　型：□ 平层 □ 复式 □ 跃式 室厅卫阳台
※ 楼　型：□ 高层 □中高层 □多层 □别墅 □其他
※ 装　修：□ 精装 □简装 □毛坯 ※ 房屋朝向：
※ 所在楼层： ※ 最高楼层：
※ 结　构：□ 砖混 □钢混 □其他
※ 居住现状：□ 空房 □自住 □租户住 □其他

※ 产权状况：□ 两证齐全 □ 购房合同 □ 产权正在办理 □ 使用权公房
※ 领证时间： 年 ※ 物业服务费： 元/(平方米·月)
※ 权证登记：房产证：
土地证：

※ 基本设施：□天然气 □宽带 □有线电视 □电话
□车位 □储藏室 □电梯 □其他

※ 拟挂牌价格： 万元 ※ 税费承担方式：

※ 个性标签：□无 □次新房 □即买即住 □地铁房

※ 房　主： ※电话： ※手机：

※ 装修及该房屋其他说明：

房源信息登记表（存量房出租）　表 2-5

物业地址	面积	楼层	户型	设施设备及家具家电	押金	租金	委托人	联系电话
				天然气□暖气□热水器□空调□电视□床□衣柜□洗衣机□沙发□冰箱□				

（二）房源信息的共享

房源信息的共享形式，主要依据市场的现状及房地产经纪机构自身的发展与特点设定。目前主要有私盘制、公盘制两种模式，这两种模式各有优劣，适合不同规模、不同发展阶段的房地产经纪机构。

1. 私盘制

私盘制是指房源信息由接受委托的房地产经纪人员录入和维护的房源信息共享模式。在这种模式下，业主的联络方式只有接受委托的房地产经纪人员知道，其他房地产经纪人员只能看到房源的基本情况。其他房地产经纪人员只能通过接受委托的经纪人员与其委托人（业主）取得联系。当其他房地产经纪人员促成交易后，该房地产经纪人员可分得部分佣金。私盘制的优点是注重对卖方（或出租方）客户隐私的保护，服务质量高，客户体验较好；缺点是工作效率低，成交速度较慢。

2. 公盘制

公盘制是指在一个房地产经纪机构内部，或者一定区域范围内加盟的房地产经纪机构之间，或者几个房地产经纪机构联盟之间共享全部房源信息的房源共享模式。在这种模式下，房源的全部信息可以被共享区域内的所有房地产经纪人员查看，所有经纪人员均可与卖方客户取得联系。共享区域可大可小，可以是机构之间或者一个机构内部，也可以是一个机构内部指定区域之间，例如在一个机构的大区内共享或在商圈内共享。公盘制的优点是工作效率高、成交速度快，缺点是可能频繁打扰卖方客户而降低客户服务体验。目前国内较大的房地产经纪机构普遍采用公盘制，公盘制要求机构有较好的管控经纪人员的能力、成熟的分佣体系和完善的信息系统。

（三）房源信息的维护与更新

房源信息的时效性非常强，因此必须实时对房源信息进行维护和更新，以保证其有效性。一般来说，对房源信息的更新要注意以下几点：

1. 周期性访问

对房源的委托人进行周期性访问，这是保证房源信息时效性的重要手段，将房源分为不同的级别，针对不同等级的房源制定不同的访问计划与访问期限。例如，将房源按照销售的难易度分为A、B、C、D四个等级，如表2-6所示。

房源跟进划分等级表 表2-6

房源状态	级别	访问期限
有效	A	5天
	B	10天
	C	15天
无效	D	1～2月

处在可售或可租状态的房源被称之“有效房源”，其在经纪业务中的作用不言而喻。已完成交易的房源或者由于其他原因停止出租与出售的房源属于“无效房源”，值得注意的是，这些无效房源有时容易被房地产经纪人员忽略，因此将其“打入冷宫”，而不再花费时间和精力对它们进行更新。这种做法是不科学的。因为随着时间的推移，“无效房源”也有可能再次变为“有效房源”，从而再次实现交易。

例如，房地产经纪人员将房源A销售给业主甲，但该业主入住一段时间后，想换一套更大的房屋，欲将其再次出售。若这时房地产经纪人员对该“无效房源”进行再次访问，该“无效房源”将重新变回“有效房源”，不仅可以代理销售业主甲的房源A，还可能为业主甲购买新房产提供经纪服务。对于一些租赁的房源，则更频繁地在“有效”与“无效”之间变换，由于租赁期限普遍较短，上一次租约到期时，房源将从原来的“无效”状态转换成“有效”状态。

2. 访问信息累积

随着时间的推移，业主（委托方）的出售或出租心态也会因某些事件的发生而产生变化，因此对房源的每一次访问，都应将有关信息记录下来，它可以反映业主（委托方）的心态变化，业主心态的变化最终会引起房源价格的变化。访问信息的不断积累将为后续访问提供参考，以获得更准确有效的信息，从而提高成交的机率。

例如，由于对市场信息的了解程度发生变化，市场趋涨或趋跌的氛围会影响业主的心理价位；又或者由于业主急需资金，会调低其心理价位，这些都影响着最终的交易价格、出售的难易程度与期限。

3. 房源状态的更新

房源状态分为有效、定金、签约、无效四种。房地产经纪人员要根据每一次的房源带看结果及买卖（租赁）交易进程，录入相应的房源状态，从而实现房源信息的及时更新与循环利用。

房源委托人与客户签订了定金协议，房源将从有效状态转为定金状态；定金状态的房源，若超过预定签约日期仍未签约，出现退定，则该房源变为有效状态；房源委托人与客户签订了交易合同，房源从有效或定金状态转为签约状态，至此交易终止，房源状态将变为无效状态。每一轮交易的结束点将是新一轮交易的起始点，即成交顾客的无效房源可转化为有效房源，房地产经纪人员通过维护成交客户，发掘出新的购房需求，获取委托之后可以进行房源的录入，房源的状态将转为有效，新一轮的房源交易将会开始。

四、房源信息发布

为促成房地产交易，房地产经纪人员要把房源信息发布出去以获得客户的关注。房地产经纪人员在发布房源信息前，需征得委托人书面同意，要在签订房地产经纪服务合同、核验房源产权及房屋实地查看（相关内容及要求详见第三、第四章）以后才能发布房源信息。发布房源信息还要遵循《房地产经纪管理办法》（中华人民共和国住房和城乡建设部中华人民共和国国家发展和改革委员会中华人民共和国人力资源和社会保障部令第 8 号）、《房地产广告发布暂行规定》（国家工商行政管理局令第 71 号）等有关规定。

（一）存量房房源信息发布的相关要求与渠道

1. 存量房房源信息发布的相关要求

存量房房源信息发布要求包括房源信息要全面以及房源信息要真实。

房源信息要全面是指房源信息必须包含必要的内容，即必要的房屋状况信息和租售价格信息。必要的房屋状况信息包括房屋的地址、用途、面积、户型、楼层、朝向、装修、建成年份（代）、建筑类型、产权性质和有关图片；租售价格信息包括房屋出租人或者出售人所要求的租金或者售价。

值得注意的是，完整的房源信息不仅包括房源的优势信息，例如房源位于城市中心、空间布局良好、产权明晰等，还要披露房源的瑕疵，如使用维护欠佳、存在嫌恶设施等。房地产经纪人员必须向交易双方全面披露房源的真实信息，以减少纠纷，达成一个相对合理的成交价格。

房源信息要真实是指房源信息内容应当准确、客观。具体地，要符合依法可以租售、租售意思真实、房屋状况真实、租售价格真实、租售状态真实五个标准，这样才可以称为“真房源”。其具体要求是：

（1）依法可以租售，要求房源是依法可以出租或者出售的房屋，并达到法律法规和政策规定的出租或者出售条件，无法律法规和政策规定不得出租或者出售的情形。因此，房源是否可以租售，是要依据法律法规的规定来判断的，而不是听委托人说或经纪人员主观臆断，房地产经纪人员要熟悉法律法规中对房屋出售、出租条件的规定，确保发布的房源信息中的房屋是依法可以租售的。

（2）租售意思真实，要求房源是依法有权出租或者出售的房地产权利人有意愿出租或者出售的房屋，其中委托房地产经纪机构出租或者出售的，应当与房地产经纪机构签订了相应的房地产经纪服务合同或者委托书。这里面有两个要点，一是委托人要有权出售或出租房地产，如果不是房地产所有权人，要依法办理授权委托公证手续；二是经纪机构要获得委托人的书面出售或出租委托公证，如果只是口头委托，经纪机构不得据此发布房源信息，否则可能面临行政处罚。

（3）房屋状况真实，要求房屋的地址、用途、面积、户型、楼层、朝向、装修、建成年份（代）、建筑类型、产权性质以及有关图片，应当真实、完整、准确。在必要的房屋状况外增加房屋其他状况以及图片、视频等信息的，也应当真实、准确。房地产经纪人员发布的房源信息应当是经实地查看和产权核验后确认无误的内容，不仅文字描述要真实，图片信息也要真实，不能故意张冠李戴或者编造虚假的房屋状况信息。

（4）租售价格真实，要求房源信息中标出的租金或者售价，是房屋出租人或者出售人真实要求的租金或者售价，且应当是当前有效的。这里有两个要求，一是房源信息中的挂牌价，应当是委托人的真实报价；二是委托人的报价应当是当前有效的，委托人初次报价后，可能根据市场行情调整报价，经纪人员要根据委托人的最新报价及时更新挂牌价。

（5）租售状态真实，要求房源处于实际待租或者待售状态，不存在已成交以及出租、出售委托失效的情形。这里有两个要求，一是房源信息中的房屋是随时可以交易的，而不是已经签约或者委托人的出售、出租意向尚不明确的房屋；二是经纪机构与出售或出租委托人之间的委托关系在有效期内，如果超过约定的期限，经纪人员应当及时将房源信息从各类发布渠道撤下。

2. 存量房房源信息发布的渠道

存量房房源信息发布的渠道主要有互联网和经纪门店。

首先是利用互联网。在使用互联网的人数与日俱增、网站功能日益完善的背景下，互联网成为房地产经纪机构发布房源信息最重要的渠道。一些大型房地产经纪机构都开发了自己的官方网站，并以展示房源信息为主要功能。同时，一些门户网站也建立房产专栏，此类网站具有信息量大、便于查询、更新快、内容全面直观等优点，但有些网站不能与客户及时互动交流，且开发网站或信息发布的成本较高。

其次是房地产经纪门店。经纪门店是房地产经纪人员的办公场所，经纪人员可以按照机构要求的样式将房源信息展示在门店相应的位置，客户可以方便、直观地了解到门店中的房源信息，到店内与经纪人员交流，委托房地产经纪机构提供经纪服务。这种方式具有便于与客户互动交流、信息更新速度快等优点，但发布房源信息量较小。

（二）新建商品房房源发布的相关要求与渠道

1. 新建商品房房源发布的相关要求

依据《房地产广告发布暂行规定》等有关规定，发布新建商品房房源广告要符合下列相关要求：

（1）房地产预售、销售广告，必须载明以下事项：①房地产开发企业名称；②房地产经纪机构代理销售的，载明该机构名称；③预售或者销售许可证书号。广告中仅介绍房地产项目名称的，可以不必载明上述事项。

（2）房地产广告不得含有风水、占卜等封建迷信内容，对项目情况进行的说明、渲染，不得有悖社会良好风尚。

（3）房地产广告中涉及所有权或者使用权的，所有或者使用的基本单位应当是有实际意义的完整的生产、生活空间。

（4）房地产广告中对价格有表示的，应当清楚表示为实际的销售价格，明示价格的有效期限。

（5）房地产中表现项目位置，应以从该项目到达某一具体参照物的现有交通干道的实际距离表示，不得以所需时间来表示距离。房地产广告中的项目位置示意图，应当准确、清楚，比例恰当。

（6）房地产广告中涉及的交通、商业、文化教育设施及其他市政条件等，如在规划或者建设中，应当在广告中注明。

（7）房地产广告中涉及面积的，应当表明是建筑面积或者使用面积。

（8）房地产广告涉及内部结构、装修装饰的，应当真实、准确。预售、预租商品房广告，不得涉及装修装饰内容。

（9）房地产广告中不得利用其他项目的形象、环境作为本项目的效果。

（10）房地产广告中使用建筑设计效果图或者模型照片的，应当在广告中注明。

（11）房地产广告中不得出现融资或者变相融资的内容，不得含有升值或者投资回报的承诺。

（12）房地产广告中涉及贷款服务的，应当载明提供贷款的银行名称及贷款额度、年期。

（13）房地产广告中不得含有广告发布人能够为入住者办理户口、就业、升学等事项的承诺。

（14）房地产广告中涉及物业管理内容的，应当符合国家有关规定；涉及尚未实现的物业管理内容，应当在广告中注明。

2. 新建商品房房源信息发布渠道

新建商品房房源信息发布的常用渠道包括：报纸、户外广告、互联网和电视等。

报纸是最传统的媒体，可以兼具图片和文字两块内容，阅读灵活易于保存，读者广泛而稳定。由于房地产市场的区域性，而报纸恰恰契合该特点，房地产经纪机构可以将代理的房源广告图文并茂地发布在报纸上。这种方式具有读者广泛而稳定、版面灵活、时效性强、成本低等优点，但有效时间短、感染力较差。

户外广告是指设置在户外的广告。常见的户外广告媒介有：路边广告牌、高立柱广告牌、灯箱、霓虹灯广告牌、LED 看板等，目前还有升空气球、飞艇等先进的户外广告形式。户外广告具有很好的形象展示性，但是限于安装等因素，户外广告牌不可能频繁更换，所以户外广告牌的有效时间长。这也决定了使用户外广告牌不能很随意，必须要慎重。

互联网渠道是指利用网站上的广告横幅、文本链接、多媒体等发布房地产广告。与传统的四大传播媒体（报纸、杂志、电视、广播）广告及备受垂青的户外广告相比，通过互联网发布房地产广告具有传播范围广、交互性强、受众数量可准确统计等优点，但相比其他媒体，在一些特定地区或特定人群中互联网的覆盖率偏低。

电视广告是一种经由电视传播的广告形式。大部分的电视广告是由专业的广告公司制作，并且向电视台购买播放时数。电视广告发展至今，其长度从数秒至数分钟皆有。通过电视发布房地产广告具有普及率高、表现力强、推广迅速等优点，但制作程序比较繁琐，花费成本高。

（三）提高房源信息发布效果的注意事项

房地产经纪人员发布的房源信息效果如何，主要看信息的查看量及达成交易的房源数量。只有让自己发布的房源信息让更多人看到，才有可能获得更多的客户，为了提高房源信息的发布效果，房地产经纪人员在发布房源时，应特别注意以下几点：

（1）注意完善房地产经纪人员个人信息。经纪人员的信息越完善，越容易得到客户的关注与信任。房地产经纪人员的个人照片是给客户的第一印象，因此，经纪人在网上注册时要注意自己的网络形象，照片要上传正装标准照；另外关于个人的信息要填写完整，包括所属的经纪机构、职业资格类型、主要负责的区域等，填写的资料越详细，客户将更放心地委托此经纪人员为其服务。

（2）重视房源标题。房源信息的标题要突出房屋特点，能吸引客户关注。如果房源信息标题不够吸引人，那么客户可能注意不到，更不要说去仔细查看房源信息了；房源标题不能过于简单，如果客户无法通过标题获得房源的重要信息，则可能会直接跳过。而对于互联网发布的房源信息，标题写的越详细，客户就越容易通过搜索引擎搜索到。

（3）写好房源描述。房源描述是对房源的详细介绍，如果房源标题引起了客户关注，那接下来就要靠房源描述来留住客户，所以房源描述需要简单明了、重点突出、条理清晰。

（4）配好房屋图片。房源图片是房屋的直观展示，比大量的文字更有效。图片拍摄要清晰、角度合理，并且要真实、不弄虚作假。尽量多的展示房源的实际状况，如房屋的全貌，小区的环境以及周边主要的配套设施等。

（5）多渠道发布，并经常维护。可选择在多个渠道发布房源，以提高房源的曝光率，让更多的客户看到房源信息。同时要不断维护房源信息，更新发布日期，避免客户看到了房源信息，却发现发布日期已是数月之前，以为这套房子早已卖出，而失去了购买的机会，因此对尚未成交的房源，要经常更新房源状态。

第二节 客源信息的搜集、管理与利用

一、客源与客源信息

（一）客源

1. 客源的含义

客源是对房源有现时需求或潜在需求的客户，包括需求人及其需求意向或信息。这种需求包括以获得房屋所有权为目的的购买需求，也包括以暂时获得房屋使用权为目的的租赁需求。

客源严格意义上是潜在客户，是具有成交意向买房或租房的群体。他们的需求只是一种意向，不像订单客户那样肯定，可能因为种种变故而放弃购买和租赁需求。而能否成为真正的买方或承租方，不仅取决于房地产经纪人员提供的房源信息，还取决于客户本身。

一般而言，客源要满足以下两个条件：(1) 需求意向相对清晰。例如，是购买还是租赁、意向哪个或哪些区域，要求何种房地产、能承受的价格范围或希望的价格范围、有无特殊需要等，需求意向即便不是唯一的，也得有大致的选择范围。(2) 要有购（租）条件，即拥有购（租）房的资格和支付实力。

2. 客源的分类

按客户购买意向的强弱、经济承受能力、意向区域范围及对物业品质要求等因素，可以将客户分为不同等级的客户群。

(1) 对于购买（租赁）需求强烈、有一定经济实力、预算合理的客户，要重点跟踪。

(2) 对于购买（租赁）需求不迫切、有一定购买力，要求较高的客户，要定期跟踪，不断了解客户特征和需求。

(3) 对于根本无法成交的客户，要告知其原因，并保持联系，待时机成熟后促成交易。

（二）客源信息

1. 客源信息的含义

客源信息是指客源自身包含的，有利于成交的，对房地产经纪机构和房地产经纪人员有用的信息。客源信息同样是房地产经纪机构的重要资源。尤其在买方市场[①]，客源信息对房地产经纪机构尤为重要，一个房地产经纪机构拥有的客源信息越多，其竞争力就越强。

2. 客源信息的构成要素

一个有效的客源信息包括 3 个方面的基本要素，分别是客源基础资料、客源的需求信息和客源的交易信息。

客源基础资料主要是客户的基本信息，又因客户是个人还是单位有所不同。

客源的需求信息是指客户对房源在实物、权益和区位方面的有关需求。这方面的需求信息很多、很广，常见的客源需求有：①房地产基本状况，包括用途、位置、面积、房型、朝向、建造年代、楼层、装修等。若目标房地产是住宅，需要调查客户对卧室、浴室、层高[②]、景观、朝向的需求意向。②目标房地产价格，包括单价和总价、付款方式、贷款方式、贷款成数等。③配套条件的要求，如商场、会所、学校、交通条件（是否需要临近地铁站口）等。④特别需求，如

---

① 买方市场是指供给大于需求、价格有下降的趋势，买方在交易上处于有利地位的市场。在买方市场条件下，买方对商品的选择权很大。

② 指下层地板面或楼板面到上层楼板面之间的距离。

车位、通信设施，是否有装修等。

客源的交易信息是指客户提出的交易类型、交易价格、交易时间、税费承担方式。客源交易的类型由委托人给出，包括承租和购买等。交易价格具体指委托人可以承受的购买价格和承租价格等。交易时间是指客户要求房地产经纪机构找到合适的房源的时间。

二、客源信息搜集

（一）客源信息搜集的渠道和方法

善用客户信息，提升成交率是房地产经纪人员的主要工作目标之一。房地产经纪人员只有不断挖掘潜在的客源，才能不断创造经纪成果。一个成功的房地产经纪人员必须确保充足的潜在客户数量。

为了开拓充分的客源，房地产经纪人员必须非常努力；同时也必须熟练运用各种开发渠道和方法。

1. 门店接待法

门店接待法是指房地产经纪人员利用房地产经纪机构开设的店面，客户主动上门咨询而得到客户的方式。这种方式是房地产经纪人员获得精准客户的渠道之一。

2. 广告法

广告法是指房地产经纪机构或房地产经纪人员通过在当地主流媒体、房地产专业媒体、门店橱窗或者其他媒介上发布房源信息，利用发布的房源信息吸引潜在客户，从而获得客源信息的方法。目前网络媒体已经成为广告发布的主流渠道。

3. 互联网开发法

互联网开发法主要有三种类型，一是在互联网上发布房源广告从而吸引客户，这也是广告法的一种；二是通过建立公司自己的网站吸引客户登记求租、求购信息，从而获得客源信息；三是通过第三方网络平台查看求租、求购信息，主动联系信息发布人，从而获取客源信息。如果使用第三种方式，要注意如果有的信息发布者已经注明“免经纪”“免中介”等字样，经纪人员不应再联系发布者。

4. 客户介绍法

客户介绍法是房地产经纪人员通过自己服务过的客户介绍新客户的开发方式，这种开发方式越来越受到房地产经纪机构和经纪人员的重视。老客户是房地产经纪人员服务质量的最佳证人，因服务中的直接接触而获得的信赖，是房地产经纪人员的宝贵资源。房地产经纪人员依托信赖建立了稳固的客户关系网，客户常常会免费为房地产经纪人员介绍新客户。因此，一个服务质量高、业务素质好、从业时间长的房地产经纪人员，资源积累越多，客源信息也就源源不断。

5. 人际关系法

人际关系法不仅是指以自己认识的亲朋好友信赖为基础，通过人际关系网络介绍客户，而且包括新的人际关系的开发。这种开拓客源的方法不受时间、场地的限制，是房地产经纪人员可灵活操作的方法。比如与小区保安或者物业保持长时间的感情沟通建立信任，可获得一些客户。

6. 讲座揽客法

讲座揽客法是通过向社区、团体或特定人群举办讲座来发展客户的方法。讲座内容可以是房地产知识介绍，房地产市场分析、房地产投资信息，房地产交易流程以及产权办证问题等。此种方法适用于在社区拓展业务。

7. 会员揽客法

会员揽客法是指通过成立客户俱乐部或客户会的方式吸收会员并挖掘潜在客户的方法。这种方法通常是大型房地产经纪机构或房地产开发企业为会员提供的特别服务和特别权益，如服务费打折、信息提供等方式吸引准客户入会。例如香港的“美联会”，深圳的“万科会”，入会的会员因为促销产品的优惠力度成为会员，并在需要买房或租房时成为房地产经纪机构或房地产经纪人员的客户。

8. 团体揽客法

团体揽客法是以团体如公司或机构为对象的客户开发方法。房地产经纪机构利用与团体的公共关系发布信息，宣传公司实力，从而争取客户的委托。例如，房地产经纪机构与银行合作，共同宣传房地产抵押贷款代办服务项目，从而争取到该银行办理房地产抵押贷款业务的客户。这种方法通常和讲座揽客法、服务费打折或提供特别服务的方式一并使用，可设台咨询或者争取团体的支持来组织某些活动争取客户。

以上客源信息搜集方法的优劣势比较详见表 2-7。

在实际的房地产经纪活动中，客户开发往往是灵活运用多种方法。在不同区域、不同房地产市场和不同的客户类型，适用的方法可能有很大差异。房地产经纪机构和房地产经纪人员应通过实践，不断总结不同方法的适用条件和效果，针对目标客户采用最有效的一种或几种方法的组合，以提高客源开发效率。

（二）客源开发的常用策略

（1）注重营销手段的运用

开发渠道和方法比较　　表 2-7

方法	优　势	劣　势
门店接待法	准确度高、较易展示企业形象、增加客户的信任感	受门店地理位置影响很大
广告法	获得的信息量大、受众面较广、效果比其他的方式要好很多、间接宣传和推广公司品牌	成本较高、时效性较差
互联网开发法	更新速度快、时效性强	信息难于突出、客户筛选难度大
客户介绍法	成本很低、客户真实有效	需要长时间积累
人际关系法	成本小、简便易行、客户效率高、成交可能性大	需要交际沟通能力
讲座揽客法	发掘潜在客户、启发购房愿望、培养客户对公司服务的信赖、传播知识减少未来交易难度	需要精心组织准备工作
会员揽客法	充分利用会员价值	成立客户会的难度大
团体揽客法	强强合作	大量公关工作

房地产经纪机构是为完成房地产产品从生产者向消费者（从出售人向购买人）转移过程的专业服务者，市场营销理论适用于房地产经纪领域。房地产经纪机构和房地产经纪人员为获取足够的房源与客源，必须集中精力开展市场营销活动，以现代市场营销理论指导客源信息开发和客户关系维护。只有开拓了足够多的客源，并以专业的服务使之成为公司终身客户，才能促进房地产经纪机构的可持续发展。

（2）着力打造良好的客户关系

房地产经纪人员应始终关注客户需求，维护客户关系并将其发展成为终身顾客。这是房地产经纪人员取得源源不断业务的最重要的保证。基于客户的需求和偏好可划分为不同客户群，房地产经纪人员的基本出发点应当是通过关注顾客的需求，以最少的成本与最快的时间，提供相应的服务并达成交易。满意的服务会推动客户介绍身边的朋友成为新客户，而这些客户带来的价值往往比完全从市场中寻找陌生客源大得多，也容易得多。

（3）及时挖掘客户信息

房地产经纪人员通过“观察”能够挖掘出许多潜在客户，多看、多听，并判断出“最有希望的买家”、“有可能买家”和“希望不大的买家”。对客户进行分级，以选择重点投入精力。一个成功的房地产经纪人员要随时随地、连续不断地发掘、收集客户信息，并形成习惯，这样才能积累足够多的客源。一个专业的房地产经纪人员，不会放过任何一个认识潜在客户和接触潜在客户的机会，如生日晚会、结婚庆典、参加培训和会议以及其他社会活动。对于发现的客户信息，应随身携带笔记本，将客户的姓名、电话和其他联络方法、需求都记录下来，并及时处理，定期跟踪。

（4）善用养客策略

养客是客源开拓中的重要策略，指的是房地产经纪人员将一个陌生的客户转化为一个积极的购买者的过程。潜在客户希望被告知，被传授专业的知识、提供专业的服务、以帮助他们做出合理的决策。房地产经纪人员在初次接触客户之后，用自己的专业知识、经验和市场信息为客户提供咨询，从而建立信任。房地产经纪人员提供的信息越有价值，提供的解决方案和咨询越有帮助，客户就会越信任，越容易达成交易和建立长期关系。客户某些时候也会有不切实际的价格期望和要求，房地产经纪人员通过市场信息的提供和分析，引导客户调整期望，缩短供需差距。

（5）择机使用直接回应方法

直接回应方法是通过提供一个诱人的价位或某一种好处，如减免某种费用，或制造某种吸引力等促销手段，吸引客户并得到客户回应，从而获得客户的策略。它是以客户为中心的营销手段，而不是以自我宣传或以广告为中心。直接回应的策略要点是：①提供有价值和有吸引力的东西；②只有目标客户才能回应并享受这种东西。如恰逢节庆日，某房地产公司打出“新年巨献，成交送电视”的广告，以刺激对此项目观望且有意向的客户即刻购买。实施这种策略需要房地产经纪人员对客户需求进行精准定位，并据此设计促销方式，进而吸引真正的潜在客户。直接回应的营销方法对于争取客户建立联系很有帮助。在客户还未选择经纪服务机构或者在潜在客户还未转换成为活跃的购买者之前，如针对客户的需求打出“打此电话获得关于如何避免买楼失误的建议”的广告，将会吸引潜在客户，广告变得极具吸引力，让潜在客户有了来电询问的理由。

三、客源信息管理

客源信息是房地产经纪机构和房地产经纪人员的宝贵资源，只有合理使用才能发挥其价值，促成交易。合理使用包括：恰当保存和分类；信息共享和客户跟进；保守客户隐私，不滥用。恰当保存和分类是指对客户信息按照方便查询的方式进行分类。然后对分类后的信息以人工或计算机方式来进行记录保存。

客源信息的管理包括对客源信息的整理、共享以及维护和更新等内容，是使客源信息得以有效利用，发挥最大作用的基础和前提。房地产经纪机构对客源信息的管理通常是通过建立一个以客户为中心的记录或数据库来实现的。该数据库中不仅包括房地产经纪机构服务过并完成交易的客户，也包括那些提出需求或来电咨询的潜在客户和与交易活动有关的关系人或供应商，还包括那些房地产经纪人员旨在为之提供经纪服务的潜在客户或委托人。

房地产经纪人员通过建立客户数据库实现对客户信息的记录、储存、分析和利用。房地产经纪人员随身携带的笔记本或掌上电脑是收集信息的重要工具，而分类整理填入表格并建立客户信息数据库是客户信息管理的最终成果。房地产经纪机构越来越重视利用客户管理数据库和房源管理软件。这些数据库和软件的强大功能为房地产经纪人员房源管理和利用提供重要保证。

（一）客源信息的整理

客源信息的整理通常包括对客源信息的鉴别和筛选、分类、记录和储存几个环节。客源信息通过加工整理之后，通常以表格、图片、文字报告等形式展现和储存。

1. 客源信息的鉴别和筛选

客源信息的鉴别和筛选是对客源信息的准确性、真实性、可信性进行分析并对已鉴别的客源信息进行挑选和剔除，将识别出的优质客源作为服务的重点。

客源信息的鉴别和筛选应注意以下几点：一是核实委托人的真实性以及联系方式的准确性；二是了解客户的购买能力与其需求是否匹配，如果客户非常年轻，其实际支付能力无法承担其预购房区域的房价，就算房子再好，价格再低还是无济于事；三是需要确认客户是否具有购买自主权，是否是本人买房，能不能最终决定；四是需要确认客户的购买意愿，客户是否只是随便看看，不能确定短期是否买房，或是一再挑房子的价格或位置，还是了解了房子的优劣后，态度坚定、执意去看房等。鉴别和筛选客源时，察言观色很重要，应多听、多问，细心捕捉客户信息，并加以综合判断。

2. 客源信息的分类

分类是将不同的、杂乱无序的客源信息按一定标准、方法加以整理归类。客源信息可以按不同的方法进行分类，在实际工作中，通常是按照方便查询的方式进行分类。按照客户特征对客户进行的分类如表 2-8 所示。

客户分类表 **表 2-8**

客户特征	客户类别
客户的需求或交易类型	买房客户和租房客户
客户的交易目的	自用客户和投资客户
客户需求的房地产类型	住宅客户、写字楼客户、商铺客户和工业厂房客户及其他客户
客户的性质	机构团体客户和个人客户
与本经纪机构接触的次数	新客户、老客户、潜在客户和关系客户
房地产的价格区间	高价位房地产需求客户、中低价位房地产需求客户、低价位房地产需求客户

在实际工作中，还可以按照客源的要求分类：区域要求、户型要求、特殊要求；或按客源的重要程度分类：如客户的成交可能性程度分为 A 类（极有可能成交）、B 类（较大可能成交）、C 类（一般可能成交）、D 类（较小可能成交）、E 类（暂无效客户）。在科学分类的基础上，房地产经纪人员需要根据客户需求的迫切程度进行分类，并制定一个详细的跟踪与维护计划，做到不打扰客户正常生活又防止客户流失。

3. 客源信息的记录和储存

在房地产经纪服务中，分类后的客户信息可以采用人工或计算机方式来进行记录保存。记录客源信息的常用表格主要包括针对个人客户的客户信息表以及针对机构客户的客户信息表、针对求购客户的登记表以及承租客户的登记表等。这些针对不同群体的表格其包含的基本信息有所不同，房地产经纪人员应根据具体的情况选择使用。一般情况下，房地产经纪人员在取得客源委托后，通常需要在房地产经纪机构规定的时间内将其录入客户管理系统。在录入客源信息时，需要注意将客户的联系方式以及需求的面积、价格、区域等一一进行核实，准确录入各项信息，这样才能保证客源信息的完整性、真实性、唯一性。一般客户管理系统会对房地产经纪人员的客源数量进行限制，即客源上限。在房地产经纪人员的客源达到上限时必须将客源推荐给其他房地产经纪人员。

（1）客户信息表（个人）

求购客户信息表（个人）如表 2-9 所示。

求购客户信息表（个人客户） **表 2-9**

A. 客户基础资料					
姓名		性别		年龄	
职业		教育程度		籍贯	
家庭人口		子女年龄		入学情况	
联系电话		手机		传真	
电子邮箱					
联系地址					
B. 需求信息					
需求类型					
意向房地产类型					
意向区域					
意向楼层		房型		层高	
面积		朝向		单价	
总价		付款方式		贷款成数	
配套要求					
其他要求					
C. 交易信息					
委托交易编号		委托时间		客户来源	
推荐纪录					
看房纪录					
洽谈纪录					
成交纪录					
其他					

（2）求租客户信息表（个人）

求租客户信息表（个人）如表 2-10 所示。

求租客户信息表（个人客户）　　　　**表 2-10**

A. 客户基础资料					
姓名		性别		年龄	
职业		教育程度		籍贯	
家庭人口		子女年龄		入学情况	
联系电话		手机		传真	
电子邮箱					
联系地址					
B. 需求信息					
需求类型					
意向房地产类型					
意向区域					
意向楼层		房型		层高	
面积		朝向		单价	
基础设施	电话□宽带□有线□燃气□暖气□其他：				
家具配套	床□衣柜□沙发□茶几□书桌□餐桌□椅子□电视柜□其他：				
家电配套	电视机□洗衣机□冰箱□热水器□抽油烟机□灶具□空调□其他：				
租金		租赁期限			
付款方式	月付□ 季付□ 半年付□ 其他方式：				
其他要求					
C. 交易信息					
委托交易编号		委托时间		客户来源	
推荐记录					
看房记录					
洽谈记录					
成交记录					
其他					

（3）客户信息表（机构）

客户信息表（机构）如表 2-11 所示。

求购或求租客户信息表（机构客户）　　**表 2-11**

A. 客户基础资料					
机构名称			性质		
法定代表人					
联系电话			手机		
E-mail			传真		
法定授权委托人					
联系电话			手机		
E-mail			传真		
联系地址					
B. 需求信息					
需求类型	□购买	□租赁	□其他：		
意向房地产类型	□住宅	□写字楼	□商铺	□厂房	□其他：
意向楼型	□高层	□中高层	□多层	□其他：	
意向区域		房型		层高	
面积		朝向		单价	
总价（租金）		付款方式		贷款成数	
配套要求		其他要求			
C. 交易信息					
委托交易的编号		委托时间		客户来源	
推荐记录					
看房记录					
洽谈记录					
成交记录					
其他					

（二）客源信息的共享

客源信息共享是指房地产经纪机构获得客户信息后与本机构其他房地产经纪

人员分享的过程。客源信息共享的范围通常不大，一般是在 3～4 人组成的小组内部共享，小组内的经纪人员均可与客户保持联系，共同更新、相互通报客户需求信息的变化。客源信息共享的好处是可以及时跟进客户需求的变化，提高成交效率。也有的机构不共享客户信息，所有的客户均由第一个获得该客户信息的经纪人独有，由其一人维护。

（三）客源信息的维护与更新

获取客源并录入系统后，房地产经纪人员需要对自己的客源进行日常跟进维护，若不及时更新，如客户的联络方式、客户需求变化等，客户信息只会成为过时而无用的信息，因而房地产经纪人员必须定期和客户保持联系，更新资料，这样才能保持其有效性和准确性。房地产经纪机构通常会制定相应的客源信息回访制度，如要求隔天回访求购客户信息，每天跟踪回访求租客户信息，并将系统内的信息进行相应的调整，添加评价信息并及时完成更新。同时房地产经纪机构必须督促房地产经纪人员做好客户信息的更新工作，如果一定日期内仍未跟进或记录带看维护情况，系统应给予自动提醒，督促房地产经纪人员保持与客户的联系，及时更新资料与信息。

对客源信息的维护中有一个容易被房地产经纪人员忽视的问题，那就是陈旧的客户信息并不意味着没有价值，比如原本购买意愿不强的客户由于结婚或者生育而急需购房，因此一个成功的房地产经纪人员要善用旧的客户信息，通过对旧客户信息的不断维护，挖掘出其中可能蕴藏着的新价值。

四、房源客源信息匹配

搜集、管理房源、客源信息的目的是快速、精准实现房源客源信息匹配，即尽快为房源找到合适的客源，为客源找到满意的房源，以实现促成交易的目的。房地产经纪人员要掌握房源、客源信息匹配的方法和步骤，从而提高工作效率。

（一）房源客源信息匹配的方法

在房地产经纪机构内部，房源往往是共享的，所有的房地产经纪人员都可以出售或者出租任何一套房源，而客户是房地产经纪人员自己或少数几个人的，往往不与他人共享，因此，每个经纪人员都有大量可支配的房源，和少量自己拥有的客源。形象地说，房源就像在商场出售的商品，等待适合的顾客来选购。房源客源匹配就像售货员在货架中为客户推荐适合的商品的过程那样，是以房源为基础对客源的需求进行匹配的过程。但房源客源匹配比推荐一般的商品更为复杂，要根据客源的需求及客源自身的限制条件进行筛选。在房源信息较多的情况下，房地产经纪机构可以建立房源数据库，将房源信息登记表中的房源特征录入数据库，根据客源的需求及资金、购房资格等限制条件通过数据库自动检索适合的房源。房源客源匹配常用的检索条件有：房屋所在区域、户型、面积区间、楼层区间、总价区间、朝向、房龄、有无电梯等。如果房地产经纪人员所在机构没有条件建立数据库和检索系统，经纪人员则要熟记自己可支配的房源的特征，根据客户的需求一项项去分析是否满足客户需求，从而筛选出最符合客源需求的房源。

（二）房源客源信息匹配的步骤

房源客源匹配可按以下步骤进行：

1. 分析客源对房屋需求的刚性条件

根据登记的客户信息表及补充询问客户需求，分析客户对房屋需求的刚性条件，即客源对求购或求租的房屋要求必须要满足的条件。例如，有的客户购房是为了子女入学，那首先要满足学区这一刚性条件；有的客户买房是为了改善居住空间，那首先要满足房屋面积这一刚性条件；有的客户买房是需要改善居住空间的同时满足子女入学的需求，那他对房屋的需求就有两个刚性条件。刚性条件其实就是客源购房或者租房的真实原因，这需要经纪人员深入沟通和准确把握，才能达到事半功倍的效果。

2. 分析客源对房屋需求的弹性条件

客户的刚性需求往往不会太多，符合其需求的房源会较多，为了将房源聚焦到一定的范围，经纪人员需要进一步掌握客户对房源的其他偏好，即如果能满足哪些条件，客户会更满意。弹性条件需要根据客户的家庭成员构成、家庭成员的爱好、工作地点等条件去深入分析。例如，对于一个三代人共同居住的大家庭，多功能空间的户型可能更满足其需求；对于一个有新生儿的家庭，人车分流的居住小区可能更满足其需求；对于老年人家庭，公园附近的房屋可能更满足其需求；对于单身青年，繁华商业区附近的房屋可能更满足其需求。

3. 分析客源自身限制条件

只分析客户的需求还远远不够，房源客源匹配的目的是尽快达成交易，这就要求客户有足够的支付能力和符合政策的购房资格。客源自身的限制条件包括付款方式、可承受的首付款、可负担的月供，购房和贷款资格等，经纪人员要根据这些限制条件推算出其可交易的房屋类型、交易总价款等。

4. 筛选适合的房源

筛选房源的原则是首先满足客源的刚性条件、不违背其限制条件，尽量满足弹性条件。可以首先根据上述刚性条件、限制条件对房源信息进行初选，如果筛选出的房源较多，再根据弹性条件进一步筛选。如果根据刚性条件和限制条件筛选出的房源过少，或没有符合条件的房源，要与客户协商，询问其放宽条件的可能性。

5. 向客户推送适合的房源信息

筛选出适合的房源后，经纪人员要通过购房或求租客户预留的联系方式，将信息推送给客户，并简要介绍每套房源的特点，询问客户的意向，如果客户表示满意，可预约带看的时间。

（三）房源客源信息匹配的注意事项

一个房地产经纪人员是否能够将房源客源在较短的时间内匹配成功，取决于其对房源的了解、对客户需求的准确把握以及房源、客源信息的充足程度。

这一方面要求房地产经纪人员熟悉所在机构拥有的房源，熟悉房屋具体信息（包括具体地址、楼层、房型、面积、朝向、附近成交价格等）以及业主信息，如售房动机、家庭情况、售房关键人、房屋卖点和缺陷等，同时要掌握市场动向、行情，政策变化等。另一方面，要求房地产经纪人员加深对客户需求的把握，站在专业人士的立场上，挖掘客户的真实需求；根据客户的基本需求，针对性的匹配房屋。对筛选出的房屋向客户推介时，要根据客户的需求逐条分析，如首先满足了其刚性需求，其次房屋在哪些方面的优点更符合客户的弹性需求等。

第三节　房地产价格信息的搜集、管理与利用

一、房地产价格信息的含义

房地产价格信息是指房地产市场上形成的房地产交易的各种价格及与价格有关的因素。房地产经纪人员需要搜集的房地产价格信息主要包括：新建商品房销售价格、存量房买卖成交价格、存量房买卖挂牌价格、存量房租赁成交价格、存量房租赁挂牌价格。除房地产的价格本身以外，还要搜集与价格有关的各种因素，如房屋类型、面积、楼层、朝向等，这样才能对价格进行分析比较并加以利用。

二、房地产价格信息搜集

价格信息对于房地产经纪人员的业务开展具有重要作用，是经纪人员了解市场走势，协助确定挂牌价格，协助交易双方价格谈判的重要参考。价格信息的搜集渠道和方法主要有以下几种。

（一）政府主管部门网站

政府主管部门网站，是房地产经纪人员了解房地产交易价格信息的主要渠道

之一。政府部门所掌握的价格信息有以下两个特点：

（1）权威有效。此类价格信息都是在政府相关部门进行登记的信息，虽然由于某些政策原因导致其与真实成交价格可能有一定出入，但作为房地产交易计税的依据，是权威有效的数据。

（2）时效性相对较差。此类价格信息大多数以登记完毕后为准，较交易当事人签订相关合同时，时间已经相对滞后。

针对从政府主管部门网站搜集到的房地产价格信息，房地产经纪人员应考虑到时效性问题，在实际操作过程中，应注意与其他渠道搜集的价格信息综合运用。

（二）房地产经纪机构的成交实例

房地产经纪机构的成交案例是房地产经纪人员又一主要的价格信息搜集渠道。房地产经纪机构从事房地产经纪业务，每个月都有许多的成交实例，此类成交价格就是价格信息的真实反映，而且时效性较强。

以此类方法搜集到的价格信息有可能会有一定的误差，原因是，房地产经纪机构的成交案例主要以签订的房地产交易合同为依据，有可能出现签订了合同，最后却没有成交的情况。那么，此类价格信息就不具有任何指导意义。

（三）通过交易当事人了解信息

房地产经纪人员在跟进客户时，了解到客户已经完成交易，应适时询问房屋的买卖价格或是租赁价格，并记录在案。通过交易当事人了解到的信息，应对其真实性和时效性做一定的评估。

（四）相关机构的调研报告

市场调研报告是房地产经纪人员应及时关注的信息。目前，专业的房地产营销代理公司、房地产经纪机构及相关房地产机构都有房地产周报、月报等分析报告，此类报告大多数是免费的，并且会及时予以公开，房地产经纪人员可以从他们的报告中了解相关的价格信息。

（五）房地产专业网站

专业的房地产网站也是价格信息有力的提供者。房地产经纪人员可以通过浏览房地产专业网站，查看相关价格信息，包括各区域的买卖均价、成交情况等。

此外，在房地产专业网站上还有许多其他房地产经纪人员的挂牌信息，此类信息由于仅是要价，并未真实成交，仅作为房地产经纪人员的参考价格。

（六）报纸房地产专版

在报纸房地产专版上也会出现很多价格信息，包括一些评论员提供的成交数据、价格情况等，以及房源广告标注的价格信息，房地产经纪人员也可以从侧面了解相关价格情况。

三、房地产价格信息管理

房地产价格信息的管理主要包括对价格信息的整理、维护和更新等内容，是使价格信息得以有效利用、发挥最大作用的基础和前提。

（一）房地产价格信息的整理

房地产价格信息的整理通常包括对房地产价格信息的鉴别和修正、分类、记录和保存几个环节。房地产价格信息通过加工整理之后，通常以表格、图片、文字报告等形式展现和储存。

1. 房地产价格信息的鉴别和修正

房地产价格信息的鉴别和修正是就是对价格信息的准确性、真实性进行分析并对已鉴别的信息进行必要修正，以保证房地产价格具有参考价值的过程。

鉴别一个价格信息是否具有参考价值，主要是看它是不是类似房地产的价格，是否与拟交易房地产的状况相类似，是否与拟交易房地产的交易类型相吻合，成交日期是否与拟交易房地产相近，以及成交价格是否为正常价格或可修正为正常价格等。此外还要看两者是否具有比较基础，是否对不同之处进行了修正等。

2. 房地产价格信息的分类

在搜集记录后，房地产经纪人员还要将这些价格信息进行整理分类，分类标准可以参考表 2-12。

房地产价格信息分类标准 **表 2-12**

分类依据	价格类型
房地产经纪业务	买卖价格、租赁价格
房地产类型	商业类（商铺、写字楼）价格、住宅类（别墅、洋房、中高层、高层等）价格等
户型	一居室价格、两居室价格、三居室价格等
面积区间	60～70m^2 的价格、70～80m^2 的价格等
小区	不同小区的价格

3. 房地产价格信息的记录

房地产经纪人员需要运用统一的表格对房屋出售与出租的价格信息进行有效记录。在实际业务中，记录房地产价格信息的常用表格通常有两大类：一是新建商品房价格信息表（表 2-13）；二是存量房价格信息表（表 2-14），两种表格的内容和侧重点有所不同。

新建商品房价格信息表 **表 2-13**

序号	楼盘名称	位置	房地产类型	户型	面积	楼层	朝向	装修情况	周边配套	交通状况	开盘时间	入住时间	成交时间	成交价格	信息来源	备注
1																
2																
3																

存量房价格信息表 **表 2-14**

序号	小区名称	户型	面积	楼层	朝向	装修情况	建成年代	周边配套	交通状况	成交时间	成交总价	成交单价	信息来源	备注
1														
2														
3														

（二）房地产价格信息的维护与更新

房地产价格信息具有时效性，主要是因为房地产价格的形成机制十分复杂，要受自然、经济、社会、区域、个体等多方面的影响，特别是国家对房地产市场宏观调控政策的影响，无论哪个影响因素发生变化，如国家和地方出台新的调控政策，都会导致房地产价格的波动。如贷款利率的提高，一方面会增加贷款购房者的购房成本，从而抑制购房需求，另一方面会提高房地产开发成本，减少房源的供给量，从而导致房地产价格的变化；再如各地推出的限购政策，在短期内导致了某些房地产价格的下行等，因此要求房地产经纪人员对录入系统的价格信息进行日常维护与更新，及时增补新成交房地产的价格信息，同时对销售均价等进行调整，以保证价格信息的时效性和参考价值。

四、房地产价格信息利用

（一）分析预测房地产价格的变化趋势

房地产价格信息的分析是指房地产经纪人员根据所掌握的房地产价格信息，采用一定的方法对其进行分析，进而判定价格的现状和变化趋势。对房地产价格走势的判断包括定性的判断和定量的判断，定性判断是给出价格的未来走势等，如未来的价格是上涨、下跌还是保持稳定；定量判断则是计算出具体的或可能的变化，如某类住宅的市场成交价格在最近几个月内上涨几个百分点等，在未来几个月内会增长或下跌几个百分点等。对房地产价格信息进行分析常用方法包括：简单统计分析，即根据已搜集到的统计数据计算出某些数据指标，通过这些指标对房地产价格的走势进行判断；比价分析，对不同地区或不同类别房源的比较、同类房源在不同时间段上的比较等；因果关系分析，通过分析影响房价的原因，找出影响价格变化的主要因素和影响程度等。在这里我们重点介绍两个在房地产价格分析中常用的简单统计方法，同比增长率和环比增长率的计算。

1. 房地产价格同比增长率的计算

同比，通常是指本期价格水平与去年同期价格水平相比较。同比主要是应用在周期性对比中，因为许多消费是有周期性的，比如房地产中常说的“金九银十”，同比能够消除季节变动的影响，能够更为客观地反映变化情况。同比增长率，一般是指和去年同期相比较的增长率，一般用百分数表示。如某类住宅，其今年 2 月销售均价与去年 2 月的销售均价相比的变化情况，其结果可能是正值、负值或零，正值为增长、负值为下降、零则为没有变化。

同比增长率的计算公式如下：

房价同比增长率＝(今年某期的房地产价格－去年同期的房地产价格)/(去年同期房地产价格)×100％

2. 房地产价格环比增长率的计算

环比，通常是指本期价格水平与上一连续周期价格水平相比较。环比主要是反映价格的连续变化情况。环比增长率，一般是指和上一个连续周期相比较的增长率，一般用百分数表示。如某类住宅，其今年 2 月销售均价与今年 1 月的销售均价相比的变化情况，其结果可能是正值、负值或零，正值为增长、负值为下降、零则为没有变化。

环比增长率的计算公式如下：

房价环比增长率＝(某期的房地产价格－上个周期的房地产价格)/(上个周期房地产价格)×100％

【例 3-1】 某城市某区域的住宅销售均价在 2017 年 2 月为 16000 元/平方米，在 2018 年 1 月为 17350 元/平方米，2018 年 2 月为 17600 元/平方米，分析 2018 年 2 月该住宅销售均价的同比与环比增长率。

计算：

同比增长率＝(17600－16000)/16000×100％＝10.00％

环比增长率＝(17600－17350)/17350×100％＝1.44％

2018 年 2 月该住宅销售均价的同比增长率为 10.00％，环比增长率为 1.44％。

（二）为卖方提供房地产挂牌价格参考

房地产经纪机构接受卖方或出租方委托后，要根据委托房地产的实际状况，结合市场价格信息及近期走势制定挂牌价格。房地产经纪人员要将类似房地产近期成交价格展示给卖方，为其讲解这些成交案例与委托房地产的差异，进行加价或减价调整，大致确定房地产的市场价格及心理价位。然后根据近期价格谈判的经验，预留一定的议价空间，与卖方或出租方一起确定挂牌价。

（三）为房地产交易谈判提供价格参考

任何房地产交易都不能脱离市场，房地产价格信息是交易当事人进行价格谈判最为重要的参考条件。房地产经纪人员在组织双方价格谈判时，应将类似房地产的价格信息、近期房地产价格走势等传递给交易当事人双方，该类信息通常包括：一是委托房屋所在社区或所处商圈范围内同类房屋当时的一般、平均成交价格水平（主要指单价）、一段时期内价格变动的情况；二是在近一段时期内，委托房屋所在区域其他成交案例的买卖成交价格或者租赁成交价格情况（包含单价和总价）。关于买卖成交价格，应当界定是含税价还是卖家净得价（不含税费）。同时，房地产经纪机构应当告知委托人以上信息的来源。交易当事人再根据房源的个案情况，结合市场状况进行相关谈判，最终实现成交。价格信息在交易当事人谈判中，具备一定的指导功能，也能帮助买卖双方正确认识房源个案的价值。

（四）利用价格趋势促进房源和客源的开发

房地产价格趋势是房地产经纪人员促进房源、客源开发的一种方式。价格状态呈上扬趋势，房地产经纪人员可以将信息告知客户，促使其尽快下决定购买；价格状态呈现下降趋势，房地产经纪人员可以将信息尽快告知业主，促使其尽快下决定出售，避免不必要的损失。

复习思考题

1. 什么是房源信息？房源信息搜寻的渠道和方法有哪些？
2. 如何对房源信息进行整理和分类？
3. 共享房源信息的途径有哪些？
4. 发布房源信息的相关要求及渠道有哪些？
5. 什么是客源信息？客源信息搜寻的渠道和方法有哪些？
6. 如何对客源信息进行整理和分类？
7. 房源客源信息匹配的方法和步骤是怎样的？
8. 房地产价格信息有哪几类？
9. 如何对房地产价格信息进行整理和分析？
10. 如何利用房地产价格信息？

第三章　房地产经纪服务合同签订

房地产经纪服务合同在有效保障合同当事人的合法权益、维护和保证市场交易安全与秩序等方面发挥着重要作用。一方面，房地产经纪专业人员提供经纪专业服务后，只能通过订立合同的方式取得相应的报酬；另一方面，委托人也只有通过合同的形式，明确自己享有的权利以及应当承担的义务。因此，房地产经纪专业人员要熟悉房地产经纪服务合同的类型、不同种类房地产经纪服务合同的内容等，在实际工作中，认真做好房地产经纪服务合同的签订工作，有针对性地预防可能出现的纠纷和避免合同签订中的常见错误。

第一节　房地产经纪服务合同概述

一、房地产经纪服务合同的含义和作用

（一）房地产经纪服务合同的含义

房地产经纪服务合同，是指房地产经纪机构和委托人之间就房地产经纪服务相关事宜订立的协议。房地产经纪服务合同是房地产经纪机构与委托人之间约定权利义务的书面文件，是经纪机构开展经纪活动的必备要件。

（二）房地产经纪服务合同的作用

在经纪业务实践中，大多数房地产经纪服务纠纷，都是因为没有签订房地产经纪服务合同，或者没有使用规范的合同文本，没有对双方的权利义务做出明确、详尽的约定而导致的。签订房地产经纪服务合同，不仅对房地产经纪机构、房地产经纪人员，而且对委托人同样具有非常重要的意义。

一是，确立了房地产经纪机构与委托人之间的委托关系。委托关系建立后，房地产经纪机构和委托人的行为就受到《合同法》《民法总则》《房地产经纪管理办法》等法律法规的约束。

二是，明确了房地产经纪机构和委托人的权利和义务。签订房地产经纪服务合同以后，当事人应当按照合同的约定全面履行自己的义务，非依法律规定或者取得对方同意，不得擅自变更或者解除合同。如果一方当事人未取得对方当事人

同意，擅自变更或者解除合同，不履行合同义务或者履行合同义务不符合约定，守约方可向法院起诉要求违约方继续履行合同、承担违约责任。

三是，建立了房地产经纪机构和委托人之间解决纠纷和争议的有效依据。在房地产经纪活动中，房地产经纪机构和委托人由于某些认知的差异，难免产生纠纷和争议。签订了房地产经纪服务合同，使得双方可以依照合同约定处理纠纷和争议，避免产生更大的矛盾。

二、房地产经纪服务合同的主要类型

根据房地产经纪服务的方式或内容，房地产经纪服务合同有不同类型。常见的分类是：

（一）按照提供房地产经纪服务的方式分类

房地产经纪机构提供经纪服务的方式有居间服务和代理服务。现阶段，我国存量房经纪服务主要是居间服务，新建商品房经纪服务主要是代理服务。针对这两种服务方式，可以签订房地产居间合同和房地产代理合同。实践中，房地产居间合同一般由交易双方及提供经纪服务的房地产经纪机构三方共同签订，房地产代理合同由房地产开发企业和经纪机构双方共同签订。

（二）按照委托的事项或服务内容分类

按照委托人委托的事项或要求提供的服务，房地产经纪服务合同可以分为房屋出售经纪服务合同、房屋出租经纪服务合同、房屋购买经纪服务合同和房屋承租经纪服务合同。

房屋出售经纪服务合同，是指房地产经纪机构和房屋权利人之间就委托出售房屋有关事宜订立的协议。房屋出租经纪服务合同，是指房地产经纪机构和房屋权利人之间就委托出租房屋有关事宜订立的协议。房屋购买经纪服务合同，是指房地产经纪机构和房屋购买人之间就委托购买房屋有关事宜订立的协议。房屋承租经纪服务合同，是指房地产经纪机构和房屋承租人之间就委托承租房屋有关事宜订立的协议。

三、房地产经纪服务合同的选用

选择房地产经纪机构与委托人签订的房地产经纪服务合同的类型，应当根据委托人的委托事项或服务内容来确定。委托人作为房地产权利人委托出售、出租房地产的，应当签订房屋出售经纪服务合同、房屋出租经纪服务合同；委托人作为求购、求租人的，应当签订房屋购买经纪服务合同、房屋承租经纪服务合同。

房地产经纪人员应当首选房地产主管部门或房地产经纪行业组织发布的房地产

经纪服务合同推荐文本，在接受委托时就应及时签订服务合同。2006 年 10 月，中房学发布了房地产经纪业务合同推荐文本，包括《房屋出售委托协议》《房屋出租委托协议》《房屋承购委托协议》和《房屋承租委托协议》。2017 年 6 月，又对该推荐文本进行了修订，重新发布了《房屋出售经纪服务合同》《房屋购买经纪服务合同》《房屋出租经纪服务合同》《房屋承租经纪服务合同》，具体见附录三。

四、房地产经纪服务合同的主要内容

房地产经纪服务合同的内容因合同的类型不同而有所不同，中房学发布的房地产经纪服务合同推荐文本的主要内容如下：

《房屋出售经纪服务合同》包括十一条：(1) 房屋基本情况；(2) 委托挂牌价格；(3) 经纪服务内容；(4) 服务期限和完成标准；(5) 委托权限；(6) 经纪服务费用；(7) 资料提供和退还；(8) 违约责任；(9) 合同变更和解除；(10) 争议处理；(11) 合同生效。

《房屋购买经纪服务合同》包括九条：(1) 房屋需求基本信息；(2) 经纪服务内容；(3) 服务期限和完成标准；(4) 经纪服务费用；(5) 资料提供和退还；(6) 违约责任；(7) 合同变更和解除；(8) 争议处理；(9) 合同生效。

《房屋出租经纪服务合同》包括十一条：(1) 房屋基本情况；(2) 房屋出租基本要求；(3) 经纪服务内容；(4) 服务期限和完成标准；(5) 委托权限；(6) 经纪服务费用；(7) 资料提供和退还；(8) 违约责任；(9) 合同变更和解除；(10) 争议处理；(11) 合同生效。

《房屋承租经纪服务合同》包括九条：(1) 房屋需求基本信息；(2) 经纪服务内容；(3) 服务期限和完成标准；(4) 经纪服务费用；(5) 资料提供和退还；(6) 违约责任；(7) 合同变更和解除；(8) 争议处理；(9) 合同生效。

第二节　房地产经纪服务合同的签订流程

房地产经纪机构与委托人签订房地产经纪服务合同前，应当做好各项准备工作并按流程完成合同签订，房地产经纪服务合同的签订流程通常包括：书面告知委托人有关事项、查看委托人的有关证明、洽谈有关事项以及签署房地产经纪服务合同四个步骤。

一、书面告知委托人有关事项

信息不透明以及未明确告知必要事项是导致房地产经纪纠纷产生的主要原因

之一。根据《房地产经纪管理办法》，必要事项告知是房地产经纪机构在签订房地产经纪服务合同前应当履行的义务。需告知的必要事项内容主要包括：

1. 是否与委托房屋有利害关系

此项内容体现了房地产经纪机构和房地产经纪人员在房地产经纪活动中应遵循的回避原则。房地产经纪机构和房地产经纪人员存在以下情形的，应当回避或如实披露并征得另一方当事人同意：一是，与房屋出卖人或者出租人有利害关系，如房主为房地产经纪人员自己或其直系亲属等；二是，与房屋的承购人或者承租人有利害关系的，如房地产经纪人员是买方或承租方的直系亲属等。

2. 委托人需要协助的事宜、提供的资料

房地产经纪机构应当根据房地产交易相关规定，告知委托人要提供本人及相关人员的身份证明、房屋权属证明、房屋共有人同意出售或出租等有关证明和文件资料，协助调查委托出售、出租房屋的有关信息，配合看房及查询房屋产权等事宜。

3. 委托房屋的市场参考价格

市场价格是某种房地产在市场上的一般、平均水平价格，是该类房地产大量成交价格的抽象结果。房地产经纪机构应当搜集大量真实的交易实例，选取符合一定条件的交易实例作为可比实例，向委托人提供真实客观的市场参考价格，以便委托人根据房屋本身实际情况，合理设定心理价格和对外报价。

4. 房屋交易的一般程序及可能存在的风险

房地产经纪机构应当根据委托交易方式的需求，将有关交易程序告知委托人。同时，对可能出现的由交易主体、标的物、不可抗力等因素导致的风险如实向委托人进行告知。

5. 房屋交易涉及的税费

在房屋交易中，根据权属性质、房地产用途、购买年限、是否唯一住房的不同，所缴税费亦有所不同。因为交易税费计算比较复杂，房地产经纪机构应当根据委托交易房屋的性质、种类和政府关于房地产交易税费的相关规定，将房屋所涉及的税费种类、交费主体、收取标准等告知委托人。

6. 房地产经纪服务的内容及完成标准

房地产经纪业务按照经纪服务方式，分为房地产居间业务和房地产代理业务；按照房地产的用途类型，分为住宅房地产经纪业务、商业房地产经纪业务、工业房地产经纪业务；按照房地产经纪活动所促成的房地产交易类型，分为房地产转让经纪业务、房地产租赁经纪业务、房地产抵押经纪业务。不同类型的经纪服务方式，其所涉及的房地产经纪业务服务内容和完成标准也有所不同，需要房地产经纪机构就该委托房屋的实际情况以及针对委托人的实际需求予以详细告知。

7. 房地产经纪服务收费标准和支付时间

佣金是房地产经纪机构因提供房地产经纪服务的回报，但必须以合法的方式收取。在房地产经纪服务中，经常出现由于房地产经纪机构未明确或未公示服务标准和佣金标准，导致房地产经纪机构与委托人对实际提供的经纪服务和收费有明显的认识差异，而引发冲突和纠纷。因此，房地产经纪机构应当事先告知委托人并在房地产经纪服务合同中明确具体的收费标准和支付时间。收费标准应当与行业相关法律法规中的规定相符合，并与经营场所公示的有关内容相一致。

8. 交易资金交付

在房屋买卖活动中，交易资金通常包括定金、首付款（可能分成多期）、贷款金额、物业交割保证金、户口迁移保证金等。这些资金如何交付，是否需要监管，交易资金监管的部门及程序等，都需要提前告知委托人。

9. 其他服务相关事项

如果房地产经纪机构提供代办贷款、代办房地产登记等其他服务的，还应当将相关服务的完成标准、收费标准告知交易当事人，并另行签订书面的代办服务合同。

二、查看委托人的有关证明

（一）查看委托人身份证明

作为委托人，首先应具有完全民事行为能力。对于自然人，完全民事行为能力人是指 18 周岁以上可以独立进行民事活动的公民，或 16 周岁以上不满 18 周岁以自己的劳动收入为主要生活来源的公民。无民事行为能力人或者限制民事行为能力人，应由其监护人代理委托。① 对于法人和其他组织，应按照国家规定领

① 根据《民法总则》规定，十八周岁以上的自然人为成年人。不满十八周岁的自然人为未成年人。十六周岁以上的未成年人，以自己的劳动收入为主要生活来源的，视为完全民事行为能力人。八周岁以上的未成年人为限制民事行为能力人，实施民事法律行为由其法定代理人代理或者经其法定代理人同意、追认，但是可以独立实施纯获利益的民事法律行为或者与其年龄、智力相适应的民事法律行为。不能完全辨认自己行为的成年人为限制民事行为能力人（如间歇性精神病患者），实施民事法律行为由其法定代理人代理或者经其法定代理人同意、追认，但是可以独立实施纯获利益的民事法律行为或者与其智力、精神健康状况相适应的民事法律行为。不满八周岁的未成年人为无民事行为能力人，由其法定代理人代理实施民事法律行为。不能辨认自己行为的成年人为无民事行为能力人（如完全丧失辨认和控制能力的精神病患者），应由其法定代理人代理实施民事行为。在签订合同和办理不动产转移登记手续时，需要根据当地房地产管理部门的要求办理相关的委托手续。

取营业执照、登记证书或组织机构代码证等。

为防止某些身份不明的人员虚报房屋产权资料，甚至给房地产经纪机构和房地产经纪人员带来经济损失或形象损害，房地产经纪机构在与委托人签订房地产经纪服务合同前，应先查看委托人的身份证明。对于不同身份的委托人，其身份证明也是不同的，因此，在查看身份证明时，应区别对待。①对于境内自然人，应查看居民身份证；②对于军人，应查看居民身份证或军官证、士兵证、文职干部证、学员证等；③对于香港、澳门特别行政区自然人，应查看香港、澳门特别行政区居民身份证或香港、澳门特别行政区护照，港澳居民来往内地通行证，港澳同胞回乡证等；④对于台湾地区自然人，应查看台湾居民来往大陆通行证或台胞证；⑤对于境内法人，应查看企业法人营业执照；⑥对于境内机关法人、事业单位法人、社团法人，应查看组织机构代码证、事业单位法人证书、社会团体法人登记证书；⑦对于境内经营性其他组织，应查看营业执照；⑧对于境内非经营性其他组织，应查看组织机构代码证。

若房屋出售、出租的委托人与房屋权利人不是同一人，除了要查看委托人的身份证明，还应查看房屋权利人的身份证明，房屋权利人出具的经公证的出售或出租房屋的委托书等。如涉及代理人签约时，应查验代理人身份信息及委托权限。

（二）查验房地产权属证明

对于出售或出租委托，除了查看委托人的身份证明，还应查看出售或出租房屋的产权证明，并通过实地查看房屋，编制房屋状况说明书。房屋的产权证明通常为房屋所有权证或不动产权证书，房屋共有权证或房地产共有权证，房屋他项权证或房地产他项权证等。房地产经纪人员不仅应了解各种不同的证明材料，还应具备一定的辨别能力，即对明显虚假的证明材料，能够辨认，并加以识别（这部分内容在第八章中有专门介绍）。

为了避免房地产产权瑕疵造成的交易风险，房地产经纪人员要根据房地产交易管理部门规定的产权核验办法，查询委托房地产的权利状况，是否具备交易条件。包括权利类型、是否设定抵押、是否被法院查封、是否为共有房屋等。

（三）查看其他证明文件

对于一些特殊房屋的出售或出租委托，还要提醒委托人提供相关证明文件：

（1）共有房屋出租、出售的，要提供共有人同意出售或出租的书面证明或委托书。

（2）如果出售委托人是国有企业或集体企业，需要取得国有资产管理部门或者职工代表大会的批准文件；如果是公司产权的房屋，需要公司董事会、股东会审议同意的书面文件。

三、洽谈有关事项

房地产经纪服务内容、服务完成标准、服务收费标准及支付时间是房地产经纪服务合同的重要组成部分，关乎房地产经纪机构和委托人的切身利益。在签订合同前，房地产经纪人员向委托人仔细说明和解释上述内容并对上述内容达成一致意见十分必要。

（一）服务内容

按照服务性质，房地产经纪机构所提供的服务项目可分为基本服务和延伸服务。房地产经纪基本服务的内容包括提供房地产市场信息、协助办理相关交易手续、告知交易风险、提供市场咨询、协助实地看房、协助促成交易双方签订房地产交易合同等。延伸服务的内容包括房地产抵押贷款代办、不动产登记手续代办等。房地产经纪机构和房地产经纪人员不得强制提供代办服务，不得捆绑收费。

（二）服务完成标准

房地产经纪人员要向委托人说明房地产经纪服务的基本流程及每项服务的完成标准，包括基本服务完成的节点、代办服务完成的节点等。这里要区分基本服务与代办服务完成的节点，从法律上讲，基本服务完成的标志是房地产交易合同签订，代办服务完成的节点是手续办理完毕。

基本服务和代办服务的收费应分开，房地产交易合同签订后，房地产经纪机构就可以收取基本服务费用。若买卖双方要求房地产经纪机构进一步提供代办服务，代办服务的费用可以一并代为收取。

（三）收费标准及支付时间

2014 年 12 月 27 日，《国家发展改革委关于放开服务价格意见的通知》（发改价格〔2014〕2755 号）将房地产经纪服务、律师服务等 7 项服务价格放开，由市场决定收费价格。房地产经纪机构应按照《价格法》《房地产经纪管理办法》等法律法规要求，公平竞争、合法经营、诚实守信，为委托人提供价格合理、优质高效服务。在提供经纪服务的过程中应严格执行明码标价制度，在经营场所的醒目位置公示价目表，价目表应包括服务项目、服务内容及完成标准、收费标准、收费对象及支付方式等基本标价要素；一项服务包含多个项目和标准的，应当明确标示每一个项目名称和收费标准，不得混合标价、捆绑标价；代收代付的税、费也应予以标明。房地产经纪机构不得收取任何未标明的费用。房地产经纪人员还要了解当地房地产经纪服务收费的有关规定，并严格遵守。

服务收费支付时间，一般由房地产经纪机构和委托人自行约定。按照《合同法》的规定，房地产经纪服务收费对应房地产交易合同的达成，反过来说，房地产经纪机构未能协助委托人订立房地产交易合同，或者订立的房地产交易合同无效，如果责任不在委托人的话，房地产经纪机构就无权收取费用。因此，目前经纪服务收费支付时间通常为房地产交易合同签订之时。

四、签署房地产经纪服务合同

（一）准备书面房地产经纪服务合同

由于房地产经纪服务合同既涉及缔约双方的权利义务，又涉及复杂的房屋交易手续及流程，当事人应采取书面形式订立合同，避免口说无凭。房地产经纪服务合同应以书面形式签订，书面形式是指合同书、信件和数据电文（包括电报、电传、传真、电子数据交换和电子邮件）等可以有形地表现所载内容的形式。最常用的是当事人双方对合同有关内容进行协商订立的并由双方签字（或者同时盖章）的合同文本，也称作合同书或者书面合同。

（二）向委托人解释房地产经纪服务合同条款并填写合同

房地产经纪人员要逐条向委托人解释房地产经纪服务合同的条款，耐心解答委托人提出的问题。根据洽谈情况，填写合同，并由委托人确认是否符合委托人的真实意思表示。

（三）在房地产经纪服务合同上签字、盖章

协商一致的房地产经纪服务合同应经房地产经纪机构盖章、房地产经纪人员签字、委托人签字方可生效。

第三节　签订房地产经纪服务合同中的注意事项

一、房地产经纪服务合同的填写要求

以存量房经纪服务合同为例说明房地产经纪服务合同的填写要求。

（一）合同签订双方的基本信息

1. 委托人及代理人信息

委托人是自然人的，根据身份证件信息填写自然人的姓名、身份证件号码、通信地址等；委托人是法人的，根据营业执照信息填写法人的名称、营业执照注册号和住所。法人委托代理人签约的，还应写明签约人的身份信息。联系电话填写最易联系委托人的移动电话号码。

2. 经纪机构和经纪人员信息

房地产经纪机构的名称、法定代表人或执行合伙人、营业执照注册号、统一社会信用代码，根据营业执照填写；房地产经纪机构备案证明编号，根据备案证明填写；联系电话，填写房地产经纪机构官方对外公开的电话号码。

（二）房屋基本情况

在《房屋出售经纪服务合同》《房屋出租经纪服务合同》中，权属证书号码、房屋坐落、规划用途、面积、户型、朝向、所在楼层、地上总层数等信息，根据权属证书填写。有无电梯或者上述信息在权属证书无记载的，根据实地查看情况填写。

在《房屋购买经纪服务合同》中，需求房屋的规划用途、所在区域、建筑面积、户型、朝向、有无电梯、价格范围、付款方式等信息，由购买人确认后填写。

在《房屋承租经纪服务合同》中，需求房屋的规划用途、所在区域、建筑面积、户型、朝向、有无电梯、租金范围、租赁期限、最晚入住日期、承租形式等信息，由承租人确认后填写。

（三）挂牌价格或出租要求

委托挂牌的总价和单价，由出售人确认后填写。当然，房地产经纪人员作为专业人士，可以就房屋委托挂牌价格给卖方提出专业意见。合同签订后委托人如需修改挂牌价格，需另行书面通知房地产经纪机构。

房屋出租的挂牌租金、租金支付方式、押金数额、房屋租赁期限、房屋最早交付日期、房屋出租形式（整租、合租）、房屋用于居住的最多人数，由出租人确认后填写。

（四）房地产经纪服务的内容

房屋出售经纪服务的内容主要有：提供相关房地产信息咨询；办理房源核验，编制房屋状况说明书；发布房源信息，寻找意向购买人；接待意向购买人咨询和实地查看房屋；协助委托人与房屋购买人签订房屋买卖合同。

房屋购买经纪服务的内容主要有：提供相关房地产信息咨询；寻找符合委托人要求的房屋和带领委托人实地查看；协助委托人查验房屋出售人身份证明和房屋产权状况；协助委托人办理购房资格核验；协助委托人与房屋出售人签订房屋买卖合同。

房屋出租经纪服务的内容主要有：提供相关房地产信息咨询；编制房屋状况说明书；发布房屋的房源信息，寻找意向承租人；接待意向承租人咨询和实地查看房屋；协助委托人与房屋承租人签订房屋租赁合同；协助委托人与房屋承租人交接房屋。

房屋承租经纪服务的内容主要有：提供相关房地产信息咨询；寻找符合委托人要求的房屋和带领委托人实地查看；协助委托人与房屋出租人签订房屋租赁合同；协助委托人与房屋出租人交接房屋。

（五）房地产经纪服务期限及完成标准

房地产经纪服务期限可以约定具体的时间期限，也可约定为自合同签订之日起至委托人签订房屋交易合同之日止。

房地产经纪服务的完成一般以房地产交易合同（包括买卖合同和租赁合同）的签订为标志。经纪服务的完成标准可约定为：在经纪服务期限内，委托人与经纪机构引见的房屋交易人签订房屋交易合同。

（六）委托权限

委托人是否放弃委托其他机构提供经纪服务的权利、是否将房屋的钥匙交由经纪机构保管，房地产经纪人员应向委托人说明利弊，由委托人确认后填写。如果委托人放弃委托其他经纪机构服务，即独家委托给一个经纪机构，则上文的经纪服务期限要约定为具体的日期。

（七）房地产经纪服务费用及其支付方式

服务费用就是房地产经纪机构提供房地产经纪服务应得的服务报酬，由佣金和代办服务费两部分构成。房地产经纪服务完成并达到约定的服务标准，房地产经纪机构才可以收取服务报酬。一般情况下，房地产经纪服务的完成以房地产交易合同签订为标志，房地产交易合同订立后就可以收取佣金；代办服务费用的收取标准和时点由当事人自行约定。房地产经纪服务费用的支付方式可以是一次性支付或者分阶段支付。

依据《合同法》的相关规定，房地产经纪机构未完成约定服务事项的，不得要求委托人支付服务报酬，但可以依据约定要求委托人支付经纪服务过程中支出的必要费用，必要费用不得高于房地产经纪服务收费标准，具体收费额度双方协商议定。房地产买卖、租赁过程中，涉及政府规定应由委托人支付的税、费，但由房地产经纪机构代收代缴的，不包含在房地产经纪服务费中。服务过程中涉及支付给第三方的费用，如权属信息查询费、评估费等，也可在房地产经纪服务合同中约定。

经纪服务费用由谁支付、收费标准以及支付方式，房地产经纪人员应向委托人进行说明，由委托人确认后填写。

（八）违约责任和纠纷解决方式

房地产经纪服务合同中应明确约定，合同成立并生效后，若一方不履行合同义务或履行义务不符合合同约定时，应承担的违约责任。房地产经纪服务合同的违约责任可以以定金或者违约金的形式约定，定金或违约金的数额由双方约定，但定金数额不应超过佣金的20%。

纠纷解决方式是指合同当事人解决合同纠纷的手段和途径，当事人应当在合同中明确约定解决合同争议或纠纷的具体途径，如通过相关部门调节、仲裁、司法诉讼等。当事人没有做出明确约定的，可通过诉讼方式解决合同纠纷。

房地产经纪机构因泄露委托人隐私或商业秘密、遗失委托人资料原件等行为给委托人造成损失的，要给予委托人一定的经济赔偿；委托人违反经纪服务合同约定，自行与经纪机构引见的第三方签订交易合同的，通常应按照经纪服务合同约定的费用标准，向经纪机构支付违约金。违约金由谁支付、标准以及支付方式，房地产经纪人员应向委托人进行说明，由委托人确认后填写。

履行本合同过程中发生争议，缔约双方协商解决。协商不成的，可由当地房地产经纪行业组织调解。不接受调解或调解不成的，可以约定具体的仲裁委员会仲裁，或者约定向房屋所在地人民法院起诉。选择仲裁或者起诉，房地产经纪人员应向委托人进行说明，由委托人确认后填写。

（九）签章与签名

委托人是境内自然人，甲方（签章）处应由委托人亲笔签名；委托人是法人，应加盖法人公章或合同专用章。房地产经纪机构印章可以是机构的公章，也可以是机构的合同专用章。

房地产经纪服务合同应由承办该业务的一名房地产经纪人员或者两名房地产经纪人协理签名。由于《电子签名法》第三条规定电子签名、数据电文不适用"涉及土地、房屋等不动产权益转让的"合同，故房地产经纪人员的签名应当是手写签名。

房地产经纪服务合同通常签署2份，其中委托人1份，房地产经纪机构1份。这2份合同具有同等效力。

二、签订房地产经纪服务合同中的常见错误

房地产经纪机构与委托人签订房地产经纪服务合同，应符合法律法规的相关要求，同时应尽量避免合同签订中的常见错误，预防房地产经纪业务纠纷。在签订房地产经纪服务合同时，一些常见错误需要引起房地产经纪机构和房地产经纪人员的注意。

（1）证件信息填写有误。例如，姓名或名称、身份证号或营业执照号码、住址、房屋所有权人、共有人、房屋坐落和面积等信息不一致。为避免这类常见错误，房地产经纪人员应仔细核对委托人提供的原始资料。

（2）合同服务内容未明确界定。房地产经纪机构和委托人往往由于各自知识和经验的不同，对经纪服务内容的认知往往也不同。在合同中未明确界定服务内容或服务内容界定过于笼统，双方容易产生矛盾。

（3）合同有效期限未标明。合同的有效期限是指合同生效和终止的时间长度。在独家代理合同中要约定有效期限，否则很容易发生经纪业务交叉的情形，产生不必要的纠纷。

（4）格式合同空白处留白。格式合同中的空白处一般是除基本款外需要双方协商沟通的其他条款，房地产经纪人员应向委托人说明。若委托人对空白处无增加条款的意见，房地产经纪人员应将空白处划掉。

三、房地产经纪服务合同的风险防范

（一）签订合同前要充分协商

房地产经纪人员要向委托人解释清楚房地产经纪服务的有关条款，对于服务事项、服务费用标准、费用支付节点、违约责任等关键内容在签订合同前应进行充分协商，双方对主要事项达成一致的情况下，才能签订合同。

（二）使用规范的合同文本

实践中，许多房地产经纪机构使用自己提供的经纪服务合同格式文本，使用这种文本很容易因合同不规范造成纠纷，这种情况下，法院首先保护经纪服务委托人的利益。为了减少房地产经纪服务合同纠纷，应积极推广和应用我国房地产管理部门和房地产经纪行业组织制订的房地产经纪服务合同示范（推荐）文本。经纪机构如需使用自己制定合同文本，建议在参考示范（推荐）文本的基础上进行细化或补充。

（三）明确经纪服务合同履行与交易合同履行的关系

房地产经纪基本服务完成的标志是房地产交易合同的签订，但签订交易合同并不意味着交易能顺利完成，现实中可能存在两种情况导致交易无法进行：一是，因交易双方违约导致交易合同不能履行，这种情况下，经纪服务合同仍要履行，经纪机构不必退还服务费用；二是，因交易双方隐瞒有关信息或经纪机构未尽到审查义务导致房屋交易合同无效，经纪机构须退还经纪服务费用。这些情况要在房地产经纪服务合同中进行约定。

（四）尽到积极调查审核与告知的义务

在房地产经纪服务中，房地产经纪机构应当履行如实报告的义务。实践中，一些经纪机构受高额佣金的利益驱动，对于有利于促成交易的信息往往主动报告，而对于不利于交易的瑕疵信息，不愿主动报告。如果房地产经纪机构未尽到积极调查、审核、如实报告的义务，即使房地产经纪服务合同未对这些义务作明确约定，一旦发生交易纠纷，房地产经纪机构也要承担相应的责任。

【案例 3-1】买方黄某通过某房地产经纪机构购买了刘某的一套住宅，黄某与刘某签订了房屋买卖合同，并支付了 10 万元定金。签订买卖合同当日，黄某（甲方）与该经纪机构（乙方）签订了《房屋承购经纪服务合同》，约定：甲方通过乙方的居间服务签订房屋买卖合同，乙方为甲方提供经纪服务的具体内容包括：1. 提供买卖信息；2. 提供相关交易流程、交易风险、市场咨询；3. 协助甲方对房屋进行实地查验；4. 协助并促成甲方签订房屋买卖合同。甲方承诺在签订房屋买卖合同 15 日内向乙方支付所购房屋实际价款 2%的佣金。

10 天后，黄某因资金不能及时到位，无力支付剩余购房款，决定解除房屋买卖合同。在该经纪机构的见证下，黄某与刘某签订了《房屋买卖合同解除协议》。

该经纪机构以已完成居间服务为由要求黄某支付全部佣金。黄某以未完成交易为由，只同意向该经纪机构支付 1 万元佣金。后该经纪机构将黄某告上法庭。

法院审理认为，《房屋承购经纪服务合同》中约定的第二项服务内容应当贯穿于房屋交易的始终，即房屋买卖合同订立后至履行完毕期间，经纪机构均有义务向买方提供相关交易流程、交易风险、市场咨询及交房时实地查验房屋的服务。因此，买卖合同解除后，该经纪机构并未提供后续服务，黄某已经向其支付了 1 万元作为经纪活动支出的必要费用，在未完成交易的情况下，经纪机构要求支付全部剩余服务费用的请求不予支持。

【分析】房地产经纪活动中，房地产经纪机构的目的是促成房地产交易。如果经纪机构促成合同成立，则应按约定获得居间报酬；如果买卖双方签订的房屋交易合同依法解除，房屋交易未能最终完成的，若房地产经纪机构不能证明自己全面适当履行了约定服务事项及必要义务，则只能索要居间服务的必要费用，不能获得全部服务报酬。因此，房地产经纪机构在与买方订立经纪服务合同时，应就服务内容、服务方式、服务费用、违约责任等在合同中作出明确约定。

【案例 3-2】卖方王某将已被法院查封的房屋以低于市场价格 10 万元的挂牌价委托给某房地产经纪机构出售，该经纪机构指定经纪人员蒋某为其服务。蒋某查看了王某提供的身份证件及房屋所有权证书，认为没有问题。随后，蒋某将该房屋推荐给客户赵某，赵某看房后，表示对这套房屋很满意。王某对蒋某表示，其急需资金 50 万元购买其他房屋，希望赵某能在看房当天就支付给他 50 万元作为定金。赵某购房心切，询问蒋某是否存在风险，蒋某表示问题不大。赵某当天便将 50 万元定金转到了王某账户。当天蒋某又安排王某和赵某补充签订了房屋买卖合同。王某（甲方）、赵某（乙方）和该经纪机构（丙方）签订了《居间服务合同》。

《居间服务合同》中就信息审核一项载明：乙方确认，甲方已应丙方要求，提供了房屋所有权证书及产权人身份证明文件。就居间服务成功确认一项载明：甲方对乙方的身份证进行了审核；乙方对甲方提供的上述文件进行了审核，对房屋进行了实地查验，对房屋本身及其权属的所有情况均已了解；甲乙双方承诺提供的全部证件合法、有效、真实。签订居间服务合同后，赵某向经纪机构支付了8万元佣金。

此后王某失去联系，经纪机构向房地产管理部门核实房屋具体情况，发现房屋已被查封。赵某以诈骗为由向公安机关报案。经查，王某已将50万元挥霍一空，无力偿还。另查，该房屋此前因他案已被法院采取保全措施，对交易手续进行冻结，不能办理转让、过户、抵押等手续，判决王某应将房屋过户至郑某名下。

法院经审理认为，该经纪机构与赵某形成了居间合同关系。王某提出的看房当日即支付大额定金的交易方式既不符合通常交易惯例又存在极大风险。但经纪机构无证据证明其已尽到风险提示的义务。经纪机构没能采取审慎态度，对房屋的权属状况进行审核，也没要求王某提供交易当日房屋权属查询情况，亦没采取资金监管等方式防止交易风险发生。该经纪机构对此案件结果的发生具有重大过错，不仅无权要求给付居间报酬，亦应承担相应损害赔偿责任。判决该经纪机构赔偿赵某房款损失50万元，并退还全部经纪服务费用。

【分析】房地产经纪机构在房地产交易中不是“传声筒”，而是专业服务机构。《合同法》规定，居间人应当就有关订立合同的事项向委托人如实报告。房地产经纪机构作为居间人，其居间义务主要是为其知晓的与订立房地产交易合同有关的事项向委托人如实报告，经纪机构应履行如实告知、合理审查、积极调查和风险提示的义务。房地产经纪机构在向委托人报告相关事项之前，应当进行必要的调查审核，保证报告的信息与客观情况相符，达到真实全面的要求。因此，房地产经纪机构在签订房地产经纪服务合同时应提示卖方或出租方有配合进行权属调查的义务，并在交易双方签订房地产交易合同之前进行产权核验，将真实全面的信息如实告知买方或承租方。

复习思考题

1. 房地产经纪服务合同的类型有哪些？

2. 如何根据房地产经纪业务类型的不同选择合同类型?
3. 房地产经纪人员在签订经纪服务合同前应重点向客户说明哪些内容?
4. 签订房地产经纪服务前需要做好哪些准备工作?
5. 房地产经纪服务合同签署的流程?
6. 房地产经纪服务合同的主要条款填写要求有哪些?
7. 房地产经纪服务合同在签订中的常见问题有哪些?
8. 签订房地产经纪服务合同有哪些注意事项?

第四章　房屋实地查看

在房地产经纪活动中，房屋实地查看是重要环节之一，是体现房地产经纪人员专业服务水平，取得客户信任的重要途径。房地产经纪人员要掌握实地查看的各项技能，根据查看情况编制房屋状况说明书，带领客户有秩序地实地看房，体现良好的专业素养和职业能力。新建商品房销售，尤其是期房销售，在信息发布前，房屋尚未建成，无法开展对拟售房屋的实地查看工作。因此，这里的实地查看仅指存量房的实地查看。

第一节　房屋实地查看工作概述

一、房屋实地查看的含义和作用

房屋实地查看，是房地产经纪人员亲自或者带领客户到房屋现场，检查、观察委托房屋状况的活动。房屋实地查看通常包括两种情形：(1) 房地产经纪人员实地查看房屋，俗称空看房屋；(2) 房地产经纪人员带领客户实地查看房屋，又称为带客看房或带看。

对房屋进行实地查看，有利于房地产经纪人员确认房屋真实存在，亲身感受房屋的区位状况、实物状况和物业管理状况，从而熟悉和掌握文字、图纸、照片等资料无法或者难以反映的细节。俗话说“百闻不如一见”“眼见为实”，房屋尤其如此，因为房屋具有独一无二的特性。只有通过房屋实地查看，房地产经纪人员才能够全面掌握房屋的基本状况、产权状况、实物状况、区位状况、配置家具家电、房屋使用相关费用等事项。

房地产经纪人员在带领客户实地查看的过程中，通过展示其专业素养和职业能力，与客户建立良好的关系，为后续经纪服务工作的开展奠定良好的基础。因此，房屋实地查看是房地产经纪人员促成房地产买卖、租赁业务不可省略的工作步骤，也是与客户建立情感联系，促成双方交易的关键环节。

二、房屋实地查看前的准备工作

房地产经纪人员接受房屋出售、出租初步委托，或签订房地产经纪服务合同后，就应对房屋进行实地查看。

房地产经纪人员在房屋实地查看前，应做好相关准备工作：

（1）通过网络等途径，对委托房屋的地理位置、交通情况、周边环境、商业配套、教育配套、医疗配套等进行初步了解，并做好记录。

（2）提前与委托人约定房屋实地查看的时间。因为现代生活人们工作繁忙，“提前”最好能分为两个步骤，至少在三天前预约一个看房时间，然后在看房的前一天再确认。

（3）询问委托人房屋的具体详细位置。在与委托人约定看房时间的同时，还应询问委托人房屋的具体详细位置，即房屋所在的区、路、号、小区、栋、门牌号。

（4）备好房屋实地查看的工具。具体有：测量距离的工具，例如激光测距仪、卷尺等；拍照的工具，例如相机、智能手机等；测量时间的工具，例如手表、手机等；计算面积的工具，例如计算器等。

（5）备好《房屋状况说明书》。买卖和租赁业务需要查看的内容有不同侧重，《房屋状况说明书》可分为房屋出售和房屋出租两个版本。

三、房屋实地查看的主要内容

房屋买卖经纪服务中的实地查看主要包括四个方面：房屋区位状况、实物状况、物业管理状况、其他状况等；房屋租赁经纪服务中的实地查看主要包括五个方面：房屋区位状况，实物状况，配置家具、家电情况，房屋使用相关费用，其他情况等。

在房地产经纪人员对房屋实地查看前，并不十分清楚房屋的具体状况，但是为了使房屋实地查看更有效率和针对性，房地产经纪人员应首先查看房屋实物状况，再看房屋物业管理状况和房屋区位状况。

第二节　房屋实地查看的操作要点

一、房屋区位状况实地查看

（一）房屋区位状况查看的内容

对房屋区位状况进行实地查看，主要说明、描述和测量下列因素和指标：

（1）坐落。说明房屋的具体地点，并附位置示意图。位置示意图应准确、清楚、标尺恰当。例如，房屋位于××市××区××路（大街、大道）××号楼××单元××号，具体地点见位置示意图。

（2）楼层。说明房屋所在楼层和总层数（其中地上层数和地下层数）或总高度。层数要注意区分自然层数①和标注层数②。

（3）朝向。说明房屋坐落或门窗所对应的方向，并具体到房屋内部各功能分区的朝向。例如，房屋是南北朝向的，其中客厅和主卧朝南、厨房、卫生间朝北。若实地看房时，不能确定朝向，可使用手机上的指南针，将手机对准房屋的采光面，便可确定朝向。

（4）交通设施。详细记录附近的公共汽车、电车、地铁、轻轨、轮渡等公交站点及到达站点的距离。例如，500 米内有 2 个公交站点，分别是××站和××站。为了告知客户交通的便利性，还应说明附近公共交通可抵达城市哪些核心商圈、公园、重要交通枢纽等及相应的时间。例如，××路公交 15 分钟可抵达火车站。

（5）环境状况。说明环境是否优美、整洁，有无空气、噪声、水、辐射、固体废物等污染及其程度。

（6）嫌恶设施。嫌恶设施是指位于房屋周边，对居住者身体健康造成不良影响的建筑或设备。对于住宅，特别需要说明周边有无大型垃圾场站、公共厕所、高压输电线路、丧葬设施等嫌恶设施。

（7）景观状况。说明有无水景（如海景、江景、河景、湖景）、山景等。

（8）配套设施。说明一定距离内教育（如幼儿园、中小学）、医疗卫生（如医院）、商业服务等设施的完备程度。

（二）房屋区位状况查看的注意事项

（1）分析房屋附加价值。区位状况优越的房屋如好的配套设施、交通条件等会带给客户附加价值。因此，区位状况的描述要客观、真实，特别是对教育设施的调查要准确，有些购房者为子女教育而购房，毗邻的两个住宅区教育设施可能完全不同，实地调查时要特别注意，以免不当承诺引发纠纷。

（2）调查嫌恶设施。嫌恶设施要与房屋保持一定的安全距离才不会对居住者产生影响。实地查看时不仅要查看周边的建筑设施情况，亲自到房屋内部进行体验，还要向物业服务人员、小区住户等了解相关情况。特别注意，有的嫌恶设施

① 指实际层数，即按楼板、地板结构分层的楼层数。

② 指名义层数，是为回避所谓不好的楼层数字，所标注的楼层数。

造成的干扰在特殊时间段才能显现出来，因此，查看房屋时应尽量在不同时间段多次查看。

（3）关注景观状况。优美的景观可以达到提升居住品质的效果；枯燥的景观可能让人心情不悦，甚至难以居住其中。查看房屋的景观不仅要在房屋外部观察，还要到房屋内部，从各个窗户向外观看，同一栋楼户型、坐落完全相同的两个房间，楼层只差一层，景观差别却可能很大，如较高一层可以看到海景，低一层的则完全看不到，那么这两个房间的价值可能差别很大。

二、房屋实物状况实地查看

（一）房屋实物状况查看的内容

对房屋实物状况进行实地查看，主要测量、计算和描述下列指标和因素：

（1）建筑规模。根据房屋的使用功能说明其面积、体积等。如建筑面积、套内建筑面积、使用面积、居住面积、营业面积、可出租面积等。仓库一般要说明体积。

（2）空间布局。说明房屋功能分区以及各分区间交通流线是否合理，并附房产平面图、户型图等来说明。对于住宅，要说明户型；对于商业用房特别是临街商铺，要说明开间、进深和开间进深比；对于厂房，要说明跨度等。房屋的空间布局应附照片来说明。

（3）房屋用途。说明房屋的规划用途及实际用途。

（4）层高或室内净高。层高是指上下两层楼面或楼面与地面之间的垂直距离。室内净高是指楼面或地面至上部楼板底面或吊顶底面之间的垂直距离。二者的关系是“净高＝层高－楼板厚度”。

（5）房龄（或竣工日期、建成年月、建成年份、建成年代）和设计使用年限。最好说明竣工日期；不能说明的，要说明建成年月或建成年份、建成年代。设计使用年限是指设计规定的建筑物的结构或结构构件，在正常施工、正常使用和正常维护下不需要进行大修即可按其预定目的使用的时间。由此还可说明建筑物的年龄（已经使用年限）和剩余寿命（剩余使用年限）。

（6）装饰装修。说明是毛坯还是粗装修、精装修。对于有装饰装修的，还要说明外墙面、内墙面、顶棚、室内地面、门窗等部位的装饰装修标准和程度，所用材料或饰物的质量以及装饰装修工程施工质量等。

（7）设施设备。说明给水、排水、采暖、通风与空调、燃气、电梯、互联网、有线电视等设施设备的配置情况（有或无）、类型、性能等。如供水是市政供水、二次供水、自备井供水，是否有热水、中水；供电是民用电、商用电、工业用电还是其他类型等。

（8）通风、保温、隔热、隔声、防水等情况。

（9）梯户比。说明所在楼栋或单元电梯（楼梯）数与每层住户数的比例。

（二）房屋实物状况查看的注意事项

（1）若房屋在一层，要注意下水是否畅通，是否有异味。如果一层是独立下水，查看二层房屋时，要关注下水是否畅通。若是顶层，要注意是否有漏雨的痕迹。对于老旧小区，还要注意小区墙面是否渗水、脱落等。

（2）查看房顶是否有漏水。查看客厅的地板、浴厕的瓷砖、厨房后，还要看看灯饰的路线、天花板是否有水渍、漆色不均匀的现象。如果有，则可能存在漏水。如果可能，应查看吊顶里的四角是否有油漆脱落、漏水等。

（3）户型是否方正。判断户型是否方正，可以参考以下5条标准：各个房间和功能区域的形状方正；面宽大进深小；没有暗间；房间大小适中；在房间里活动的人，行动互不干扰。

（4）采光状况。要分两个层次查看采光情况：一是各房间是否为全明格局，即每个房间是否有窗；二是阳光照射时间的长短。

（5）关注电梯质量。时下，电梯故障和事故时有发生，不仅给人们的生活带来不便，而且还威胁到人们的人身安全。电梯的质量已越来越不容忽视。因此，看房时要仔细查看该楼栋使用的电梯品牌、载重量、使用年限、是否有国家颁发的合格证书是否定期进行了检测等。

三、房屋物业管理状况实地查看

（一）房屋物业管理状况查看的内容

对房屋物业管理状况进行实地查看，主要描述和说明下列指标和因素：

（1）物业服务企业名称。房地产经纪人员应记录物业服务企业的名称、资质等。并查阅资料，看该企业是否为国家或者省、市知名物业服务企业，是否获得过奖励或者荣誉称号。

（2）物业服务费标准和服务项目。房地产经纪人员应询问房地产权利人或者物业服务企业工作人员，物业服务收费标准及服务项目，并向物业服务企业索要管理规约。物业服务费标准一般记录为××元/平方米·月。

（3）基础设施的维护情况和周边环境的整洁程度。房地产经纪人员应查看门厅、楼梯等共用部位①和电梯等共用设施设备②的维护情况，查看楼道、小区道路和周边环境的整洁程度，查看小区花草树木的养护程度等。

（二）房屋物业管理状况实地查看的注意事项

（1）亲身感受物业管理的质量。比较有经验的经纪人员能从小区保安说话、走路、站姿等方面看出这个小区的物业属于好、中、差哪一类。

（2）在进入小区后留意小区楼栋墙上、楼梯、电梯间是否被乱刻乱画张贴小广告；乘坐电梯时留意电梯是否有老化运行问题；小区里是否人车分流等。之所以强调看房时要观察楼梯或电梯间有无乱刻乱画的现象，不仅能告诉购房者小区物业的管理水平，更关系到居住人群的素质问题。一面乱刻乱画的墙就是一面镜子，可能代表邻居的素质，而邻居素质将影响着生活品质。

（3）观察雨后情形。下雨的时候去周围观察一下，看看小区及周边的排水系统是否存在缺陷。

（4）关注晚上的情形。入夜看房能考察小区物业管理是否重视安全、有无定时巡逻、安全防范措施是否周全、有无摊贩等产生的噪声干扰等。这些情况在白天是无法看到的，只有在晚上才能获得最准确的信息。

四、配置家具、家电情况及房屋使用相关费用调查

对于出租房屋，还要查看房屋配置家具、家电及房屋使用相关费用的情况。家具家电情况包括床、衣柜、电视、冰箱、空调等的数量、品牌、规格、能否正常使用等。房屋使用的相关费用，包括水、电、燃气、供暖、上网、收视、电话、车位等费用的收费标准、交费周期、交费方式等。

五、其他事项调查

除上述情况外，还要调查以下情况：

（1）房屋的使用状况，如委托出售的房屋是业主自住还是已经出租，已出租的，签订的租约何时到期，租户是否愿意提前结束租约等。

（2）房屋有无附带出租、出售的车位，有无需要拆除的附着物，有无附赠的动产等。

---

① 是指住宅主体承重结构部位（包括基础、内外承重墙体、柱、梁、楼板、屋顶等）、户外墙面、门厅、楼梯间、走廊通道等。

② 是指住共用的上下水管道、落水管、水箱、加压水泵、电梯、天线、供电线路、照明、锅炉、暖气线路、煤气线路、消防设施、绿地、道路、路灯、沟渠、池、井、非经营性车库、公益性文体设施和共用设施设备使用的房屋等。

（3）合租的房屋还要查看每个出租房间是否有独立的电表和水表等。

第三节　编制房屋状况说明书

一、编制房屋状况说明书的作用

房屋状况说明书指由房地产经纪机构编制的，说明房屋基本情况及房屋交易条件的文书。房屋状况说明书是发布房源信息的基础资料，是向客户介绍房屋基本情况的依据，编制房屋状况说明书是房地产经纪业务不可或缺的环节。《房地产经纪管理办法》第22条规定："房地产经纪机构与委托人签订房屋出售、出租经纪服务合同，应当查看委托出售、出租的房屋及房地产权属证书，委托人的身份证明等有关资料，并应当编制房屋状况说明书"。

编制房屋状况说明书，能更加系统、全面、详细反映房屋状况。这对房地产经纪机构有着重要意义，表现在：

（1）加强对委托房屋状况的全面认识。房地产经纪人员通过编制房屋状况说明书，加强对委托房屋各方面情况的准确把握，提升专业技能，以便为客户提供更优质的专业服务。

（2）提升客户对经纪服务的认同和信赖。编制房屋状况说明书，把房屋状况详细记录下来，使委托人感受到房地产经纪人员确实下了很深功夫，在认真对待从事的房地产经纪业务，不是仅仅只有"嘴上功夫"。

（3）降低房地产交易风险。房地产交易涉及交易金额巨大，任何信息偏差都可能给当事人带来重大经济损失，如房屋产权状况、交易条件、嫌恶设施等重要情况不实。借助编制房屋状况说明书的过程，掌握房屋真实状况，有效降低交易风险。

（4）防范房地产交易有关纠纷。房屋状况说明书实质就是"产品说明书"，不仅仅说明了房屋自身状况，还包括了家具家电等附属设施设备。这有利于统一交易双方对交易标的认知，防范房地产交易有关纠纷。

（5）积累房地产基础数据。编制房屋状况说明书有助于房地产经纪机构积累房地产基础数据，建立数据库。在我国房地产数据公开性差的现状下，这些数据积累到一定程度将会发挥较大的价值。

二、房屋状况说明书推荐文本

中房学2017年发布了《房屋状况说明书》推荐文本供房地产经纪机构选用。

推荐文本分为房屋租赁、房屋买卖两个版本（表 4-1、表 4-2）。《房屋状况说明书（房屋租赁）》包括：房屋基本状况，房屋实物状况，房屋区位状况，配置家具、家电，房屋使用相关费用，需要说明的其他事项六部分。《房屋状况说明书（房屋买卖）》包括：房屋基本状况、房屋产权状况、房屋实物状况、房屋区位状况、需要说明的其他事项五部分。其中，房屋基本状况，房屋实物状况，房屋区位状况，配置家具、家电，房屋使用相关费用等情况可以依据实地查看的情况填写；房屋产权状况还需要到房地产主管部门进行房源信息核验，根据核验情况填写；挂牌价格等交易条件要通过询问委托人据实填写。

房屋状况说明书（房屋租赁）推荐文本 **表 4-1**

房屋基本状况			
房屋坐落		所在小区名称	
所属辖区	（区） （街道） （居民委员会或村民委员会）		
建筑面积	平方米	套内建筑面积	平方米
户型	室 厅 厨 卫或其他	规划用途	□住宅 □其他
所在楼层	层	地上总层数	层
朝向		首次挂牌租金	元/月
房屋实物状况			
建成年份（代）		有无装修	□有 □无
供电类型	□民电 □商电 □工业用电 □其他	供水类型（可多选）	□市政供水 □二次供水 □自备井供水 □热水 □中水 □其他
市政燃气	□有 □无		
供热或采暖类型	□集中供暖 □集体供暖 □自采暖 □其他	空调部数	
有无电梯	□有 □无	梯户比	电梯（或楼梯）户
互联网	□无□拨号 □宽带 □ADSL □其他	有线电视	□有 □无

续表

房屋区位状况			
距所在小区最近的公交站及距离	站点名称： 距离： 米以内	距所在小区最近的地铁站及距离	站点名称： 距离： 米以内
周边中小学名称		周边医院名称	
周边幼儿园名称		周边大型购物场所	
周边有无嫌恶设施	□大型垃圾场站 □公共厕所 □高压线 □丧葬设施（殡仪馆、墓地） □其他 □无		

配置家具、家电					
序号	名称	品牌/规格	数量	是否可正常使用	备注
1	床			□是□否	
2	衣柜			□是□否	
3	电视			□是□否	
4	冰箱			□是□否	
……	……			□是□否	

房屋使用相关费用					
项目	单位	单价	项目	单位	单价
水费			电话费		
电费			物业费		
燃气费			卫生费		
供暖费			车位费		
上网费			其他		
收视费					

续表

需要说明的其他事项			
有无独立电表	□有 □无	有无独立水表	□有 □无
是否为转租	□是 □否	居住限制人数	人
是否合租	□是 □否	有无漏水等影响使用的情形	□无 □有 位于
其他			
户型示意图			
房地产经纪人员签名		房屋出租委托人签名	
房地产经纪机构盖章			

注：填表说明

1. 房屋出租经纪服务合同编号填写本房屋对应的房屋出租经纪服务合同的编号。
2. 房屋坐落填写不动产权属证书（含不动产权证书、房屋所有权证）上的房屋坐落。
3. 房地产经纪机构填写编制本说明书的房地产经纪机构名称，而非其分支机构的名称。
4. 实地查看房屋日期填写房地产经纪人员进行房屋实勘的日期。
5. 不动产权属证书上未标注套内建筑面积的，可不填套内建筑面积。
6. 填写内容有选项的，在符合条件的选项前的□中打√。
7. 建成年份（代）填写不动产权属证书上的建成年份，未标注具体年份的，可粗略填写，如20世纪90年代。
8. 周边中小学、幼儿园名称填写房屋所在行政区域内，周围2千米范围内的相应设施名称。
9. 周边医院名称、大型购物场所，填写房屋周围2千米范围内的相应设施名称。
10. 周边有无嫌恶设施项中，大型垃圾场站、公共厕处于房屋所在楼栋300米范围内的，应勾选；高压线处于房屋所在楼栋500米范围内的，应勾选；丧葬设施处于房屋所在楼栋2千米范围内，应勾选。
11. 房屋使用相关费用中，单位是指该项费用的计价单位，如水费填写立方米/元，单价填写每单位的收费价格。
12. 户型示意图要注明各空间的功能，并标注指北针等。
13. 凡是有签名项的，应由相关当事人亲笔签名。

房屋状况说明书（房屋买卖）推荐文本　　　　表 4-2

<table>
<tr><td colspan="8">房屋基本状况</td></tr>
<tr><td colspan="2">房屋坐落</td><td colspan="3"></td><td colspan="2">所在小区名称</td><td></td></tr>
<tr><td colspan="2">建筑面积</td><td colspan="3">平方米</td><td colspan="2">套内建筑面积</td><td>平方米</td></tr>
<tr><td colspan="2">户型</td><td colspan="3">室　厅　厨　卫
或其他</td><td colspan="2">规划用途</td><td>□住宅　□其他</td></tr>
<tr><td colspan="2">所在楼层</td><td colspan="3">层</td><td colspan="2">地上总层数</td><td>层</td></tr>
<tr><td colspan="2">朝向</td><td colspan="3"></td><td colspan="2">首次挂牌价格</td><td>万元</td></tr>
<tr><td colspan="8">房屋产权状况</td></tr>
<tr><td rowspan="3">房屋所有权</td><td>房屋性质</td><td colspan="6">□商品房　□房改房　□经济适用住房　□其他</td></tr>
<tr><td colspan="2">不动产权证书号（或房屋所有权证号）</td><td colspan="5"></td></tr>
<tr><td>是否共有</td><td colspan="2">□是　□否</td><td colspan="2">共有类型</td><td colspan="2">□共同共有　□按份共有</td></tr>
<tr><td>土地权利</td><td>土地使有权性质</td><td colspan="6">□出让□划拨□其他</td></tr>
<tr><td rowspan="2">权利受限情况</td><td>是否出租</td><td colspan="2">□是　□否</td><td colspan="2">有无抵押</td><td colspan="2">□有　□无</td></tr>
<tr><td>其他</td><td colspan="6"></td></tr>
<tr><td colspan="8">房屋实物状况</td></tr>
<tr><td colspan="2">建成年份（代）</td><td colspan="2"></td><td colspan="2">有无装修</td><td colspan="2">□有　□无</td></tr>
<tr><td colspan="2">供电类型</td><td colspan="2">□民电　□商电
□工业用电　□其他</td><td colspan="2" rowspan="3">供水类型（可多选）</td><td colspan="2" rowspan="3">□市政供水　□二次供水
□自备井供水　□热水
□中水　□其他</td></tr>
<tr><td colspan="2">市政燃气</td><td colspan="2">□有　□无</td></tr>
<tr><td colspan="2">供热或采暖类型</td><td colspan="2">□集中供暖□集体供暖
□自采暖　□其他</td></tr>
<tr><td colspan="2">有无电梯</td><td colspan="2">□有□无</td><td colspan="2">梯户比</td><td colspan="2">电梯（或楼梯）户</td></tr>
</table>

续表

房屋区位状况			
距所在小区最近的公交站及距离	站点名称： 距离：米以内	距所在小区最近的地铁站及距离	站点名称： 距离：米以内
周边小学名称		周边中学名称	
周边幼儿园名称		周边医院名称	
周边有无嫌恶设施	□大型垃圾场站　□公共厕所　□高压线　□丧葬设施(殡仪馆、墓地) □其他　□无		
需要说明的其他事项			
有无物业管理	□有　□无	物业服务企业名称	
物业服务费标准	元/平方米·月	有无附带车位随本房屋出售	□有　□无
有无户口	□有　□无	不动产权属证书发证日期	年　月　日
契税发票填发日期	年　月　日	房屋所有权人购房合同签订日期	年　月　日
房屋所有权人家庭在本市有无其他住房	□有□无		
有无不随本房屋转让的附着物	□买卖双方协商 □无 □有，具体为：		
有无附赠的动产	□买卖双方协商 □无 □有，具体为：		
其他			
户型示意图			

续表

房源信息核验完成日期	年　月　日	房屋出售委托人签名	
房地产经纪人员签名		房地产经纪机构盖章	

注：填表说明

1. 房屋出售经纪服务合同编号填写本房屋对应的房屋出售经纪服务合同的编号。
2. 房屋坐落填写不动产权属证书（含不动产权证书、房屋所有权证）上的房屋坐落。
3. 房地产经纪机构填写编制本说明书的房地产经纪机构名称，而非其分支机构的名称。
4. 实地查看房屋日期填写房地产经纪人员进行房屋实勘的日期。
5. 不动产权属证书上未标注套内建筑面积的，可不填套内建筑面积。
6. 填写内容有选项的，在符合条件的选项前的□中打√。
7. 建成年份（代）填写不动产权属证书上的建成年份，未标注具体年份的，可粗略填写，如 20 世纪 90 年代。
8. 周边中小学、幼儿园名称填写房屋所在行政区域内，周围 2 千米范围内的相应设施名称。
9. 周边医院名称，填写房屋周围 2 千米范围内的相应设施名称。
10. 周边有无嫌恶设施项中，大型垃圾场站、公共厕处于房屋所在楼栋 300 米范围内的，应勾选；高压线处于房屋所在楼栋 500 米范围内的，应勾选；丧葬设施处于房屋所在楼栋 2 千米范围内，应勾选。
11. 户型示意图要注明各空间的功能，并标注指北针等。
12. 房源信息核验完成日期填写房地产主管部门出具房源信息核验结果的日期。
13. 凡是有签名项的，应由相关当事人亲笔签名。

三、编制房屋状况说明书的注意事项

房地产经纪机构在编制房屋状况说明书时，需要注意下列事项：

（1）根据亲自查看的情况，真实描述、详细记录房屋状况和信息。对自己拿不准的事项，应进一步核实；对经自己努力后，仍不能核实的，要在房屋状况说明书中予以注明。

（2）房屋产权状况、房屋交易信息，是房地产经纪人员根据房屋权利人提供的资料或说明编写的，但要到登记部门核实权益状况是否真实。

（3）房屋状况说明书应及时更新。房屋实物状况、房屋区位状况、房屋物业管理状况，在一段时间是固定的，但房屋交易条件受市场情况影响，变化比较频繁，房地产经纪人员应根据实际情况及时更新房屋状况说明书，并注明实地查看房屋的日期及房源信息核验完成日期。房地产经纪人员应向委托人说明，房屋状况说明书记载的房屋实物状况是实地查看房屋日期时的状况。在实际交接房屋时，如果房屋实物状况与房屋状况说明书记载的状况不一致，应以实际交接时的状况为准。

（4）房屋状况说明书编制及更新要经委托人签字确认，房地产经纪机构加盖公章后生效。

第四节　带领客户实地看房

当房地产经纪人员为某套房源寻找到合适的客户后，就要带领客户实地看房，带看效果好坏直接影响成交与否。通过带领客户实地看房，使房地产经纪人员对客户的需求和购房心理有更清楚的了解，对后续的工作有非常大的帮助。

一、带领客户实地看房前的准备

1. 与客户约好看房时间

与客户约定看房时间时，房地产经纪人员可以设定两个时间让客户选，成功的概率比较大。比如，可以这样问“××先生/女士，我帮您找到了××房地产，在××地方，房地产各方面的情况与您的要求比较吻合，不知您今天下午四点还是五点有时间看房?”如果客户表示没空看房，应当马上落实下次看房时间。

2. 与业主约好看房时间

约好客户后，应马上落实业主的看房时间。如果业主的时间不能达成一致，则必须马上协调业主与客户各自方便看房的时间，直到同买卖双方约定在同一时间。

值得注意的是，与客户预约时间，应约定具体的时间点。而与业主预约时间，宜约定时间段，但时间段不宜过长，最好不超过半小时。

3. 谨慎约定见面地点

因客户可能不熟悉带看房屋地址，经纪人员应同客户约定在房屋临近的地标外见面，如大型超市、商场、学校、公园（若有）等，既可以让客户感受到周边丰富的配套设施，又因地标处的交通较为便捷，让客户愉快抵达。

4. 带领客户实地看房前的铺垫工作

（1）事先熟悉周边环境和房源。不熟悉周边环境、房源以及市场现状，对客户提出的问题，往往哑口无言。对于客户来说，房地产经纪人员是专业人士，若不能准确回答客户的问题，那么房地产经纪人员的专业形象就会大打折扣。对于房龄、面积等常见问题，房地产经纪人员绝对不能一知半解，否则极易让客户产生怀疑和疑虑。

(2) 了解交易的背景或原因。很多时候，客户在实地看房时，会问起业主的背景情况、目前房屋居住情况、卖房原因等，如果不能事先知晓这些内容，也会使房地产经纪人员专业形象受损。

(3) 事先熟悉带看的路线。从约定的地点到带看的房屋，可能有几条路线，有的繁华、有的幽静、有的脏乱差。事先选定最佳看房路线，既可向客户充分展示小区及房屋的优势，又可以避免因路线不熟带给客户不必要的购房心理障碍。

(4) 带齐物品。带领客户实地看房前需要准备的物品有：名片、鞋套、房屋状况说明书以及尺子、相机、计算器等工具。

(5) 备足时间。房地产经纪人员的时间一定要准备充分，不要迟到，更不要失约。建议提前到达约定看房地点，以便及时应对突发状况。临时有急事，无法准时到达，一定要提前告知客户和业主，并真诚地表达歉意。

二、带领客户实地看房过程中的要求

带客户看房过程中的具体要求有：

(1) 带看途中要注意与客户交谈。带领客户实地看房，可能要先走一段路。这一过程短则几分钟，长则半小时。这是展现房地产经纪人员专业水平和职业能力的时机，把握好了，离成功促成交易就更进一步。在路上要多与客户交谈，充分展示专业水平，态度坦率诚恳，从客户的回答中获取更多客户需求的信息。同时，也可以谈一些客户比较感兴趣的话题，增强客户对房地产经纪人员的信任。

(2) 提醒客户不要与业主在看房时直接谈价格。直接谈价格，有两方面副作用：一是，无法达成一致，没有回旋余地，无法进行后续的谈判。二是，直接谈价格，会让卖方觉得客户已经看上了该房屋，卖方在心理上觉得不应在价格上让步。

(3) 看房时若要乘电梯，则不论进出，都让客户先行，避免客户被电梯夹住。同时，还可以借此机会介绍下电梯的新旧程度、维护情况等。

(4) 进入带看房屋向客户介绍房地产时，对于优点，需要重点说明；对于缺点，要实事求是予以说明，并给出合理建议。如果客户对所看房屋不满意，则有必要进一步了解其需求，以便下次带看时更有针对性。

(5) 房地产经纪人员要向买方一次性书面告知其拟选定房屋的房屋状况说明书中的基本情况与重要产权状况，包括：房屋的坐落、面积（建筑面积或套内建筑面积、使用面积）、楼层（自然层数）、朝向、户型、房龄（或竣工日期、建成年月、建成年份、建成年代）、产权性质、抵押查封情况、出租和占用情况、挂牌租金或价格等。

三、带领客户实地看房的注意事项

(一) 约看要求要明确

客户购房时，通常是比较犹豫和谨慎的，这就需要房地产经纪人员去推动购房进程。约客户看房时避免开放性问题，如“您什么时候有空看房”，这样问大部分都会得到一个相同的答案：“有时间再约吧”。因此，约客看房时，房地产经纪人员应适当强势，直接给出具体的可供选择的时间点。对于一些优质的房源，更应将抢购的氛围直接向客户说明。

(二) 与客户大方沟通

有些经纪人员与客户见面时沟通不畅，主要表现有：①害怕、怯场。自信心不足，担心不能承担如此大额的交易。②不知道讲什么。由于专业知识不足，或者与陌生人接触不多，因而不能营造轻松愉快的谈话氛围。③不敢介绍。因为担心讲得越多错得越多，往往保持沉默，甚至出现冷场。④不知如何提问。很多经验不足的房地产经纪人员只会询问客户的姓名、需要何种类型的房屋、购房的预算等。对于其他有价值的问题，不知从何谈起。经纪人员要不断积累专业知识，见面前做足准备，与客户大方沟通。

(三) 及时了解客户真正需求

实地看房，是一个很好了解客户真实需求的机会，不容错过或者浪费。客户的需求包括：①价格、面积和户型；②购房的动机；③支付方式；④目前的资金预算等。

(四) 及时回访

带看后，房地产经纪人员一定要根据实际情况安排回访，询问客户意向。若客户比较中意这套房屋，则提醒客户一定要抓紧时间，因为可能其他客户也会看上，从而错失购买机会。若客户表示需要进一步考虑，切莫强买强卖，要表示理解，并进一步了解客户需求，再次匹配合适房源并约看。

复 习 思 考 题

1. 房地产经纪人员为什么要进行房屋实地查看？
2. 房屋实地查看的主要内容是什么？
3. 房屋区位状况实地查看的主要内容有哪些？查看时应注意哪些问题？
4. 房屋实物状况实地查看的主要内容有哪些？查看时应注意哪些问题？

5. 房屋物业管理状况实地查看的主要内容有哪些？查看时应注意哪些问题？
6. 为什么要编制房屋状况说明书，其主要内容有哪些？
7. 编制房屋状况说明书时应注意哪些问题？
8. 带领客户实地看房前，需要做好哪些准备工作？
9. 带领客户看房过程中有哪些要求？
10. 带领客户看房过程中应注意哪些问题？

第五章　房地产交易合同代拟

房地产经纪人员从事经纪活动的最终成果体现在促成交易双方签订房地产交易合同。根据相关法律规定，房地产交易应当签订书面合同，然而大多数交易当事人并不具备合同法的基本知识。因此，房地产交易合同往往由经纪人员代为拟定。房地产交易涉及标的额高，交易流程复杂，稍有不慎，就可能给当事人造成较大的经济损失。作为专业的房地产经纪人员，协助买卖双方签订完善的房地产交易合同，既考验经纪人员的业务能力，也要求经纪人员具备基本的法律常识，特别是合同法的基本知识。实践中，房地产经纪人员代拟的合同主要是存量房买卖合同、新建商品房买卖合同、房屋租赁合同三类。

第一节　代拟存量房买卖合同

在存量房经纪服务中，房地产经纪人员在前期的推介撮合中做了大量的工作，而最后成交的关键一步或者说成交的标志则是存量房买卖合同的签订。在签订合同之前，房地产经纪人员必须做好合同签订前的准备工作，不仅需要自己明白合同的所有内容，而且需要向委托人解释清楚买卖合同的基本条款和主要内容，并在认真研读合同文本的基础上，根据交易双方的真实意思拟定合同的条款以及合同的附件和补充条款。

一、签约材料准备

房地产经纪人员主要的工作是促成交易双方在关键性的交易条件上达成一致，这需要做大量的撮合沟通工作。当沟通达到水到渠成阶段，买卖双方分歧不大时，房地产经纪人员需要不失时机地向双方当事人提出签订合同的建议。

按照我国法律规定，合同经双方当事人签字（盖章）后即生效（除非法律法规另有规定），签约以后无故毁约是要承担法律责任的。因此在正式签订买卖合同前，经纪人员需要和买卖双方再次确认成交条件，提醒买卖双方注意合同的法律责任，并且告知买卖双方准备好签约所需要的如下材料：

1. 买卖双方的有效身份证明。如果是本人不能亲自办理有关手续的，可以委托他人代办，但需要有合法的委托手续。应根据房屋所在地的房地产交易管理部门的要求办理委托手续，这些要求和条件需要经纪人员熟练掌握。

2. 房地产权属证书原件。如出卖的房屋属于已购公房或者其他政策性住房的，还需要提供原买入时的购房合同。经纪人员应查看原购房合同是否有限制交易的条款。

3. 央产房、军产房等特殊房屋，需具备上市审批表以及物业服务费、供暖费等相关费用结清证明。

4. 房地产共有的，需要提供其他共有人同意出售的证明。

5. 卖方买入房产的发票证明，以便于测算税款。

二、合同签订前的准备

做好买卖合同签订前的准备工作，是保障买卖合同顺利签订的基础。因此，房地产经纪人员必须予以高度重视。由于在签订合同的过程中往往还会出现反复讨价还价，因此，经纪人员既要努力说合，促使双方能够达成一致，同时也要注意，签约过程需要尊重买卖双方的意思，不能将自己的想法强加给当事人，以免以后买卖双方发生争议时将责任推给经纪人员，并以此作为毁约的借口。合同签订前的准备工作主要包括以下内容：

（一）推荐合同文本

房地产经纪人员需要根据买卖双方在交易磋商过程中的意思表示，代为选定合同文本，并且解释、说明合同的主要条款和内容。实践中适用的合同主要有以下 3 种：

1. 示范合同文本

经纪人员应首先推荐使用行业主管部门制定的示范合同文本。目前我国大部分城市的房地产管理部门要求买卖双方使用房地产管理部门制定的或者房地产管理部门和工商管理部门联合制定的存量房买卖合同示范文本。在这些城市，如不使用示范合同文本，则不能办理过户、取得房地产权属证书。这点需要经纪人员预先告知当事人双方。

2. 房地产经纪机构提供的合同文本

不少房地产经纪机构自己制定了存量房买卖合同文本。实践中较为常见的称为“房地产居间买卖合同”，即所谓三方合同。实际上买卖居间合同既有房屋买卖的内容，同时也包括居间经纪服务的内容，合同当事人包括买卖双方和经纪机构。

需要特别注意的是：在这类三方合同中，如果责任不明确，很容易混淆各方的权利义务并产生纠纷。法律规定合同的一方提供自己制作的合同条款，一旦有争议将对合同的制作方不利。因此，当因合同规定不明而诉讼到法院时，经纪机构作为制定合同的一方，法院很有可能做出对经纪机构不利的裁决。所以不建议经纪机构将经纪服务合同与买卖合同合一，也不建议经纪机构提供自行制作的居间买卖合同文本给当事人使用。

3. 买卖双方自拟或者委托经纪人员、律师拟定合同

这种情况实践中不多见。如买卖双方明确表示要自拟合同，经纪人员既要告知买卖双方有权自拟合同，也要提醒双方：①政府有关部门对合同文本的要求和规定，并应当提供房地产管理部门或者工商管理部门和房地产管理部门联合制定的示范合同文本供当事人选用或参考。②在必须使用示范合同文本的地区，需要提醒当事人应当签订政府有关部门制定的示范合同文本，否则无法办理不动产转移登记。同时告知当事人，其自拟合同条款可以作为示范合同的附件或者补充协议，同样具有法律效力。

【案例 5-1】纪家两兄弟在某经纪机构的居间介绍下，与买方张小姐、某房地产经纪机构签署了《房地产买卖居间协议》，约定纪家兄弟向张小姐出售其名下所有的房屋及地下车位一处，房价款 450 万元（含车位价格 27 万元），同时约定 10 天内签订房地产管理部门的《房地产买卖合同》。签订《房地产买卖居间协议》当日，纪家兄弟收下定金 5 万元，但之后 10 天内并没有签订正式的《房地产买卖合同》。

双方签订《房地产买卖居间协议》3 个月后，房屋的市场均价上涨了 3500 元/平方米。纪家兄弟于是通知张小姐，解除双方签署的《房地产买卖居间协议》。张小姐要求出卖人双倍返还定金外，还要求支付房屋差价 40 万元。张小姐向法院提供了两家房地产经纪机构证明她所购买区域的房屋在签订《房地产买卖居间协议》时为 33500 元/平方米，3 个月后为 39000 元/平方米左右。纪家兄弟辩称，因他俩在国外且父亲生病，所以未能在约定的时间签署正式的房屋买卖合同。

法院经审理认为，纪家兄弟未能按照协议在约定的期限与张小姐签订《房地产买卖合同》，也无法提供违反约定的合理理由，主观上存在过错。其在拖延 3 个月后才告知张小姐不再履行涉讼协议，导致张小姐丧失了另行签订房屋买卖合同的机会，加之房价确实上涨，张小姐损失不小。法院参考了双方买卖合同签订及履行后的预期利益，判决纪家兄弟双倍返还定金，另再赔偿张小姐预期损失 20 万元。

【分析】在二手房交易中，经纪人员不能认为签订《房地产买卖居间合同》

就交易成功了。如果不能签订正式的《房地产买卖合同》，交易仍然具有相当大的不确定性。当事人签订房地产买卖居间合同或者是房地产经纪服务合同时，通常会在合同中约定签订正式的房地产买卖合同的时间。这种情况下，房地产经纪人员应及时督促对方在约定的时间内签订房屋买卖合同。提醒双方在对方拖延签订合同时，及时主张权利。最好在居间合同中明确约定，买卖合同未能达成的，违约方应承担相应的法律责任。该案虽然法院支持了张小姐，但其房屋毕竟没有买成，损失不是仅仅 20 万元所能弥补的。

（二）提示合同当事人主体资格

房地产经纪人员必须就合同的主要条款向双方当事人进行说明和解释，并根据自己的经验将实践中常出现的签约问题告诉双方，应特别提示他们签字生效后需要承担相应的法律责任。经纪人员签约时应告诉双方：当事人具有完全民事行为能力签订的合同才具有法律效力，也就是到场签约的买卖双方必须是能够对自己行为负责的、精神正常的成年人。否则，买卖双方应该依法委托代理人，并需要办理合法的委托手续。

如果是法人作为买卖主体，其办理签约和过户的要求、税费均不同于自然人间的交易。如公司根据公司章程可能需要提供董事会同意出售房屋的证明、法定代表人证明和签章等等。

一般情况下，没有特别约定，合同自双方当事人签字盖章时生效。如合同中约定需要去政府有关部门备案才生效的，合同备案后发生法律效力。现在全国主要城市基本上都实行了网上签约和备案，因此经纪人员需要告诉当事人必须办理合同网签手续。目前大部分城市都实现了网上签约、合同备案并下载、打印一步完成。

签订合同后，当事人应自觉按照约定履行合同，否则需要承担违约责任。

【案例 5-2】丁先生在一家房地产经纪机构看中一套房子，该房屋离某著名学校很近。经纪人员催促丁先生早做决定，称学区房十分紧俏。第二天，丁先生便与卖方签订了房屋买卖合同，议定总房款 800 万元（含定金 70 万元），约定按房屋总价的 15%或适用定金罚则向对方承担违约责任。同时，房地产经纪服务合同约定，买卖合同成立时支付佣金，买卖双方违约时，佣金不退还。随后，丁先生依约向房东支付定金 30 万元，向经纪机构支付居间费 18 万元。

丁先生回家后，因想到自己的房子还没卖出，买房资金缺口较大，开始有后悔之意。第三天一早，丁先生便联系经纪人和卖方，要求解除房屋买卖合同和房地产经纪服务合同。三方当日签订一份具结书，约定由丁先生再给出卖人 12 万元补偿，经纪机构退还丁先生 5 万元，房屋买卖合同和经纪服务合同解除。事后丁先生想想自己3天内莫名其妙损失了几十万元，心有不平，于是诉至法院，称："我是害怕承担巨额违约责任，才签了具结书，在签字时处于弱势地位。"

法院经审理认为：丁先生是自己违约在先，其担心承担巨额赔偿而主张自己处于弱势，但没有证据表明经纪机构误导或者强迫其交易。丁先生在购房时具有完全行为能力，其应就自身的草率承担责任。

【分析】买卖双方通常在做出决定时会处于一段时间的犹豫状态中，这时经纪人员的话语和行为对其有一定的影响。如果处理不慎，当事人常怪罪于经纪人员。因此这种情形下，经纪人员一定要注意把握分寸，尤其是要注意有关证据的掌握。此外，在连环交易中，买方的购房资金依赖于自己房屋售出后所得的房款，在自己房屋尚未售出的情况下就签订房屋买卖合同，存在一定风险。一旦不能及时、顺利地卖出自己的房屋，就会影响后续购房款的支付。因此，经纪人员应建议买方置换房屋时需要全面考虑市场情况，签订合同时留有余地。特别是要充分考虑自己的资金情况，一旦违约，代价很大。经纪人员应当建议当事人确定合适的定金和违约金数额，既要避免自己违约的不利后果，也要达到约束对方违约的效果。

（三）解释国家和地方有关法律、规定和政策

合同是平等主体间的民事行为，作为房地产经纪人员需要提醒买卖双方依法签订合同，并按照合法、公平、诚实信用等基本原则签约和履约。经纪人员应明确告知当事人合同生效、履行的条件及合同签订后所需要承担的法律责任，提醒当事人谨慎、认真对待合同的签订，斟酌合同中每一个关键性的条款。对于房屋所在地的一些特别规定，如限购政策、贷款规则等应该事先告知当事人。对当事人不理解的地方，需要进行耐心解释，对于容易引起争议的地方，需要提示当事人特别注意。

根据我国《合同法》的规定，以下两种合同可变更或者撤销：

1. 因重大误解订立的合同和在订立合同时显失公平的合同。

2. 一方以欺诈、胁迫的手段或者乘人之危，使对方在违背真实意思的情况下订立的合同。

《合同法》还规定了五种情况下签订的合同无效：

1. 一方以欺诈、胁迫的手段订立合同，损害国家利益。

2. 恶意串通，损害国家、集体或者第三人利益。

3. 以合法形式掩盖非法目的。

4. 损害社会公共利益。

5. 违反法律、行政法规的强制性规定。

上述规定和要求需要经纪人员在代拟合同时对双方当事人进行说明和强调。

【案例 5-3】 2016 年初，王先生夫妇在甲房地产经纪机构看中了位于某市城区一套 80 多平方米的房子，该套房子最大的优点是售价不高，低于市场价近三分之一。经房地产经纪人员的积极撮合，王先生夫妇顺利地和出卖人董先生夫妇达成协议。在房地产经纪人员的指导下，双方签订了买卖合同约定：①因该房屋是经济适用住房，同意在 5 年限制期满后共同办理过户手续。②双方签订合同后，王先生须向董先生支付首付款；办理房产证当天，再依据国家规定，支付剩余款项给董先生或者国库。王先生签约之后支付了首付款和 3.9 万元佣金给甲房地产经纪机构。签订合同一个月后，王先生突然通知董先生夫妇要求解除买卖合同。王先生解除合同的理由是：发现该房屋是经济适用住房，5 年内不得出售。称签约前未看产权证，后查看产权证后才知道房屋的性质。因双方协商未果，王先生向法院提起诉讼，请求确认该房屋买卖合同无效、返还首付款以及由此产生的利息，并赔偿房屋差价损失。法院认定政策性住房、经济适用住房的房地产权利人拥有有限产权。判决董先生返还王先生已付购房款并返还占有购房款产生的利息，房屋养价损失由王先生自行承担。

【分析】 法院认为双方签订的房屋买卖合同，损害了国家及第三人的利益，应属无效。根据合同法，合同无效后，基于该合同取得的财产应当予以返还，不能返还或者没有必要返还的，应当折价补偿，有过错的一方应当赔偿对方因此所受到的损失，双方都有过错的，应当各自承担相应的责任。该交易中，实际上买卖双方及房地产经纪人员均明知该房屋是限制交易的，买方后来反悔并称自己不知情。因该案双方当事人均有过错，由此造成的损失由其各自承担，王先生在诉讼过程中提出要求赔偿房屋差价损失，法院未支持。

该案房地产经纪机构、房地产经纪人员错误地指导当事人签订合同，由此应承担责任。事后该房屋所在地房地产交易管理部门对违反规定承接本次业务的甲房地产经纪机构进行了行政处罚。

三、存量房买卖合同的拟定

经纪人员在确定买卖双方有成交意向后，就可以顺势引导双方进入实质性的合同签订阶段。在买卖双方签约之前，房地产经纪人员首先需要认真研读合同全部条款，以保证能够准确地向买卖双方进行解释和说明。

（一）存量房买卖合同的主要条款

依据《合同法》的规定，存量房买卖合同中应包括的主要条款有：

1. 双方当事人名称或者姓名。

2. 房屋的所有权性质及房地产权属证书的基本情况。

3. 房屋的坐落、权利状况。

4. 土地使用权性质、土地用途、土地使用权剩余年限。

5. 房屋具体情况：如面积、户型、结构等。

6. 房屋成交方式及房屋的计价方式、房屋的单价与总价。

7. 房款交付时间、地点、交付方式及资金监管情况。

8. 房屋交付时间和交付方式及后续问题的约定（如物业费的承担）等。

9. 违约应承担的法律责任（包括出卖人逾期交付房屋、买受人逾期支付房款）。

10. 有关交易的特别约定：如税费的承担、不动产转移登记、合同生效的条件、合同送达等。

11. 免责条款。

12. 纠纷的解决方式。

13. 合同附件（如附图、物业管理、附属设施设备、装修等说明）。

14. 补充协议（或者补充条款）。

15. 签章。

16. 签约时间、地点。

（二）拟定合同重要条款

合同是房地产交易的关键内容，所有买卖双方谈妥的交易条件均应在合同中有所体现，以避免将来产生纠纷。

1. 指导填写合同主要条款

(1) 指导填写示范合同文本中的空白条款

房地产管理部门制定的示范合同中的大部分条款是事先拟定好的，且不能改动，买卖双方只能就其中的空白部分进行约定和填写。因此，经纪人员首先需要就此解释清楚。同时，经纪人员需要对示范合同已经制定好的条款进行说明，对需要买卖双方填写的空白条款进行特别提示，并告知买卖双方对于示范合同文本中未写入但需要明确的事宜，可以通过合同的附加条款或者补充协议进行另外约定。

(2) 指导填写房地产经纪机构提供的合同文本

这类合同形式上与示范合同相似，大部分条款也是事先定好的，只需要当事人填写空白处。

2. 帮助买卖双方协商拟定合同的关键性条款

合同的关键性条款集中在价格、面积、房屋质量、房屋交付条件及交付时间、付款条件、付款时间、土地性质、房屋性质、过户等方面。在当前部分地区限购的情况下，购房资格的认定十分重要，涉及后续交易是否能够正常进行。经纪人员帮助买卖双方协商拟定合同关键性条款时，应特别注意以下几点：

（1）买卖双方需要填写真实的身份信息，如应要求购房人确认有购房资格。

（2）写清房地产坐落与四至。除说明小区名称外，一定要注明房地产权属证书上的门牌号，因为不动产转移登记是以公安门牌号作为依据的，通常房地产权属证书上的坐落就是公安门牌号。如果发现户口簿上的门牌号和房地产权属证书不一致的，需要去公安部门和房地产管理部门查清楚，以免过户时或者将来迁移户口产生问题。

（3）用规范的语言标明房屋的结构和户型。如果是另外附单写明的，最好附在合同后，并由双方当事人签字确认。

（4）有关房地产价格的约定必须明确。写明按什么方式或者标准作为计价依据、房屋的单价及总价，写明税费、装修或者附属设施设备折价、专项维修资金等是否包含在房价中，车库、阁楼、地下室等如何计价（如是否无偿赠送或者优惠出售等）。

（5）详细说明房屋装修状况，特别是合同中须写明是否包含固定设施和家具。如果包含在内，最好列一清单作为合同附件，以后发生争议时可以作为处理依据。也可以在买卖双方都认可的情况下拍照留存。

（6）约定买卖双方履行义务的时限，如具体的交付房款、房屋的时间。涉及贷款的，经纪人员需提醒双方对于贷款的条件和具体时间进行明确约定，特别是需要约定因各种原因导致贷款失败时的处理办法。

合同中应特别注意对房款和房屋交付时间的约定。房屋买卖中的产权登记及贷款手续非常复杂且具有不确定性，往往做不到一手交钱一手交货。如果交房时间过早，卖方可能损失租金收益；如果交房时间过晚，买方可能损失资金利息。经纪人员应根据本地不动产登记和银行贷款的时间，兼顾双方利益，建议双方事先约定好交付房屋和交付房款的合理时间和期限，做到双方交付房款和交付房屋的时间不至于相差太多。交付时间通常有以下几种约定方式：（1）约定产权过户后交房；（2）约定卖方取得全部或大部分房款后交房；（3）约定在一个具体日期交房；（4）以上三种方式的结合。以上第一、三种方式，在买方需要抵押贷款的情况下，如遇上特殊情况贷款不能及时发放，则可能出现纠纷。因此，经纪人员应提醒买卖双方可能发生的情况，由买卖双方决定是否需要约定特殊情况下的解决方式。无论如何，双方在合同中约定的交付房款和房屋的时间都必须严格遵守，否则会构成违约。

【案例 5-4】 2013 年 9 月，杨某经甲房地产经纪机构介绍，将其名下的某处房屋出卖于唐某，双方签订了《房地产买卖合同》。合同约定：唐某如未按本合同约定期限付款的，自唐某应付款期限之次日起算违约金，以逾期未付款日万分之五计算，直至实际付款日；杨某如未按本合同约定期限交付房地产的，自杨某根据约定应办理房地产交接手续之次日起算违约金，以唐某已付款日万分之五计算，直至实际交付日；另合同付款协议：唐某拿到不动产权证且杨某收到唐某第二期房价款后 7 日内，双方应对该房地产进行验看、清点，杨某应将该房地产交付唐某；约定尾款的支付条件为：已完成房地产交接手续，并签署《房地产交接书》确认无误后当日内，由唐某支付杨某尾款 20000 元。待杨某将户口迁出后 3 个工作日内，由甲房地产经纪机构代为转付杨某。

2013 年 12 月 17 日，唐某取得上述房屋产权。2014 年 1 月 23 日唐某向杨某支付合同约定的第二期房款。2014 年 4 月 23 日，双方办理上述房屋燃气用户变更户名手续及有线电视更名过户手续。2014 年 4 月 26 日，杨某迁出上述房屋内原户籍。同时杨某要求甲机构按照合同约定支付暂存的余款。2014 年 4 月 30 日，甲机构将余款 18000 元汇入杨某银行账户。2015 年 3 月，杨某以唐某不支付尾款为由，起诉至法院，请求判令唐某支付剩余房款及逾期付款违约金。唐某反诉称：按照合同约定杨某应在唐某支付第二期房款后，将该房屋交付给唐某。但在合同实际履行中，杨某应在 2014 年 1 月 30 日前将房屋交付，但杨某至 2014 年 4 月 23 日才将房屋交付。唐某虽同意向杨某支付剩余房款，但因杨某延期交付房屋，故反诉请求判令杨某支付逾期交房违约金 49815 元。

法院经审理后认为，根据双方当事人所签订房屋买卖合同约定，唐某应于杨某将户籍迁出房屋后三个工作日内支付剩余房款，杨某已于 2014 年 4 月 26 日履行了上述约定的合同义务，唐某拒绝支付该款，已违反合同约定，应向杨某支付该款并承担延期付款的违约责任。又根据合同约定，杨某应于收到唐某第二期房款后 7 日内将涉案房屋交付唐某。杨某未能依约按期交房。因此，杨某应承担延期交房的违约责任。

【分析】 依法成立的合同，对当事人具有法律效力。当事人应当按照约定履行自己的义务，不得擅自改变合同的内容。特别是未与对方协商或者未达成一致意见即改变交付条件和交付时间，应该承担违约责任。该案双方当事人均未严格按照合同履行交付义务。因此应该各自向对方承担违约责任。因此法院判决杨某支付逾期交付房屋的违约金，唐某也须支付尾款和违约金。

在交付的问题上，作为经纪人员需要充分考虑双方过户、支付房款、贷款审批等的时间限度，并提醒双方谨慎约定交付时间。如买方交付房款后迟迟不能过户或者拿到房屋的钥匙，可能会考虑利息损失。作为卖方，如果过户或者交付房屋后迟迟不能拿到房屋的全款，可能也会主张利息损失。因此，需要经纪人员提示双方充分理解，考虑好能够接受的交付时间，并对逾期的责任进行约定，尽量平衡双方的利益。

3. 约定买卖合同双方当事人的主要权利义务

房地产经纪人员需要告诉买卖双方合同的权利义务由双方协商确定。合同的的权利义务是相对的，买方的权利就是卖方的义务。相反，卖方的权利就是买方的义务。所以需要双方互相配合，共同履行合同。另外，由于房地产交易需要交易双方共同办理不动产转移登记。因此，在合同中应该约定买卖双方均有义务配合办理不动产转移登记手续，不配合的一方应该承担违约责任。

四、存量房买卖合同风险防范

房地产经纪人员要在买卖双方签字前再次确认双方已对合同主要条款和内容有充分了解，对合同的全部条款均没有异议，然后再指导双方签字盖章。要告诉当事人合同在交易中的重要作用，提醒买卖双方合同签订之后，一定要严格按照合同履行义务，否则可能引发纠纷和诉讼。

（一）法律责任提醒

在签订合同时，应重点提示当事人各自义务和责任。一旦毁约或者不按照合同约定履行义务时需要承担的法律责任和可能产生的经济损失。

（二）定金条款和定金罚则提示

根据我国法律规定，给付定金的一方不履行约定的义务的，无权要求返还定金；收受定金的一方不履行约定的义务的，应当双倍返还定金。经纪人员需要提示买卖双方，根据法律规定，如果既约定违约金，又约定定金的，一方违约时，守约方可以选择适用违约金或者定金条款，即定金和违约金只能选择其中的一项如定金没有实际交付，则不适用定金罚则。实际交付定金改变了约定的定金数额的，以改变后的定金数额为准。例如，合同约定定金为 10 万元，实际只交付了 5 万元，并且对方也接受了，后因收受定金的一方违约，则双倍返还的定金只能是 10 万元。

（三）补充协议签字的提示

经纪人员一定要叮嘱买卖双方：如果买卖双方另行签订补充协议或者补充条款的，需要双方当事人在补充协议上签字（章），否则可能引发是否具有法律效力的争议。所附图纸最好也签章确认，以免产生争议

在确定合同时特别应注意不要随意在合同中留空白处，如果空白处被人为添

加内容，可能为以后纠纷留下隐患。所以最好在空白处注明“以下空白”字样或打叉划掉。如果合同的某些条款经双方同意进行涂改，则所有涂改之处也需双方签字确认。

（四）相关图纸与附件的确认

目前我国很多城市要求存量房买卖过户时使用政府有关管理部门制定的示范合同文本。因此，买卖双方往往通过合同附件对未尽事宜进行约定。经纪人员需要提示，根据原房屋来源的不同，房屋的相关图纸如平面图、户型图、管线图等应附在合同内，这样便于交付后的使用和维护。如果原房屋为商品房，则应同时交付原有的“两书”（《住宅使用说明书》和《住宅质量保修书》，下同）。如果图纸和附件直接附于合同中，应视为买卖合同的组成部分。

（五）产权过户与费用结算的提示

房屋交付有两层含意：一是实物交付，即房屋交付给买方；二是权利交付，即将所有权转移至买方名下。由于产权过户需要买卖双方共同到登记机关办理。因此，在签订存量房买卖合同时，需要提示当事人约定具体的房屋交付方式（如交钥匙）和产权过户的义务，约定好过户的时间及逾期过户时违约方的责任。签订合同时房地产经纪人员也需要特别注意其他有关费用的结算，如专项维修资金是否过户或者结算；水、电、气、网络、有线电视等费用的承担；物业服务费是否有欠缴及如何结算等，上述内容应该写入合同之中，或者写入合同附件（或补充条款），以免产生后续矛盾。

（六）交付的风险与责任提示

在签订合同时需要明确房屋风险责任转移的时间。一些地方的示范合同有相关的条款备选，如无备选条款则需要提醒买卖双方进行特别约定。常见的约定条款有：房屋交付之时，风险责任转移；自产权过户之日起风险责任转移。为防止争议，还应约定户口迁移条款。为防备一些意外风险，在合同中可以约定一笔尾款以作为上述交付责任的担保。

（七）装修处理及附属设施设备的处理

存量房交易中装饰装修是一个重要内容。除纯粹的毛坯房买卖之外，很多存量房交易时均是带有装修的。因此，装修是否是交易的条件或者内容，一定要在合同中写明。此外，家用电器、家具等是否一并转让或者是作价转让也须在合同中明确。房地产经纪人员需要特别提醒当事人填写装修和设施、家具的清单并作为合同附件。最好明确家具和设施等的品牌、数量、使用现状，也可以在签订合同前通过现场拍照方式加以说明，并在合同中约定以照片及其说明作为交付现状。

（八）权利瑕疵的说明

卖方的权利瑕疵担保是指房屋卖方担保其出卖的房屋所有权完全转移于买方，其他人不能对房屋主张任何权利，即卖方需要保证其出卖的房屋是完全没有任何法律问题的。如出卖房屋为夫妻共有财产，但房屋登记在一方名下时，需要承诺夫妻双方对出卖房屋行为的认可。另外，交易房屋是否有抵押、出租、查封等情况均需要在合同上写明，以免产生纠纷。对于原职工已购公有住房上市出售和经济适用住房、限价房等出售的，需要说明是否有限制交易的情况及其处理的方式。

在存量房买卖中，不少人认为承租人的问题应由卖方自行解决。在买房时，房地产经纪人员或买方往往忽略租赁关系的存在。根据规定，房屋租赁期间内，因赠与、析产、继承或者买卖转让房屋的，原房屋租赁合同继续有效。房地产经纪人员或买方可以到房屋所在地亲自确认房屋是否有出租的情况，一般通过现场看房和询问，完全可以发现房屋是否有出租的情况。如发现房屋已出租，经纪人员应提醒卖方处理好租赁关系，以作为出卖房屋的前提条件。如果卖方无法解除合同，则经纪人员应提醒买方考虑租约内容和租约的期限。签订买卖合同前，必须确认租赁合同的到期日和租赁合同的主要内容，以及房屋租金、押金的处理方式。

对于买方而言，在目前一些地方仍然存在限购的情况下，房地产经纪人员需要掌握当地的政策，并告知买方在签约前最好查明其是否属于限购对象，避免将来合同不能履行。

【案例 5-5】2016 年 3 月 26 日，是某市房地产新政开始实施的第二天。在该市工作的非本市户籍人士吴某与出卖人张某签订《房地产买卖合同》，约定吴某购买张某名下的一处房屋。之后，双方签署了房地产管理部门制定的《房地产买卖合同》，吴某依约向张某支付了 30 万元定金。双方另约定，若卖方在收取本合同约定的定金后，不履行本合同，则卖方应双倍返还买方已支付定金；若买方不履行本合同，则该定金由卖方没收。协议签署之后，吴某前往社保局查询，发现自己不满足该市购房新政中关于购房资格的规定。因此，双方房地产买卖手续无法继续。后双方协商不成，吴某起诉到法院，请求法院判令张某返还 30 万元定金及利息。

一审法院认为，吴某是否属于限购对象存在不确定因素，合同解除系双方意志以外的原因所致，不能归责于任何一方，故判决张某返还吴某定金 30 万元。后张某不服，上诉至该市中级人民法院。中级人民法院审理后认为，吴某在未履行谨慎审查义务的情况下即与张某签约，导致双方协商不成、合同解除。吴某关于其系首次购房、签约仓促的相关主张均不能成为其免责的理由，理应承担违约责任而无权要求张某返还定金30万元，中级人民法院遂依法改判驳回吴某全部诉请。

【分析】该房地产买卖合同签订日期在新政实施之后，吴某对自己是否具备购房资格应该有所预判，如不确定自己是否具备购房资格，也应在签订合同前与卖方充分协商并作出相应约定。吴某未履行审慎核查义务即与张某签约，对合同解除应当承担违约责任。

（九）税费的承担方式说明

买卖双方的税费承担方式必须在合同中明确，如限购政策下，经纪人员要提醒双方可能产生的税费，并约定好双方各自应该承担的纳税义务。特别是对于双方或者一方要求签订"阴阳合同"的，房地产经纪人员一定要提示法律风险：即合同中的避税条款可能无效；卖方可能无法全额收到房款；买方将来再出售时需要补缴税费；以及由于规避法律的行为可能导致的其他风险。

（十）争议处理方式的选择

争议解决方式是合同的必备条款。房地产经纪人员需要提示双方在合同中约定一旦发生争议时选择解决争议的方式。大多数城市的示范合同文本中都有争议方式选择的条款，目前示范合同中大多规定有非诉讼方式（如协商、调解、仲裁）和诉讼（法院起诉）方式供当事人选用。房地产经纪人员应提醒买卖双方在合同中进行约定或者选择。如果是选择仲裁，可以在合同中预先选定仲裁机构。但经纪人员需要提醒买卖双方的是：一旦在合同中约定选择了仲裁方式解决纠纷，除法定的特殊情况外，买卖双方不能够到法院提起诉讼。仲裁机构完全由当事人自己选择，采取一裁终局制，除法律规定的特殊情况外，对裁决不服不能上诉和再起诉。

五、合同的核对与保管

买卖双方应各执一份合同，作为经纪机构亦应留存一份。此外产权过户、抵押贷款、缴纳税费等都需要合同。需要特别注意的是，不论签有多少份合同，每份合同都应该内容一致，而且每一份合同均需要当事人签字（章），当事人未签章的合同是无效的。房地产经纪人员需仔细核对每一份合同，并保存一份存档备查。如需办理抵押贷款，买卖合同的有关内容与抵押贷款合同的相关内容应保持对应一致，以利于贷款审批。

第二节　代拟新建商品房买卖合同

在商品房销售过程中，房地产经纪人员作为现场销售人员的主要作用是通过项目的宣传、说明，促使有意购买者做出购买决定，最终使得买方和房地产开发企业签订商品房买卖（预、现销）合同。如果经纪机构和开发企业订有委托销售的合同（如合同约定可由经纪机构代表开发企业签订合同），则经纪人员可以代表开发企业，以开发企业的名义和买方签订买卖合同。但须注意商品房买卖合同的签章是开发企业的签章，并非经纪机构和买方签约，因为项目的所有权人是房地产开发企业。

一、合同签订前的准备

（一）向买方披露与开发企业的关系

目前房地产项目已经初步实现了产销分离。在商品房销售中，由房地产经纪机构全程代理销售的情况日益增多。销售现场的售楼人员往往就是房地产经纪机构的经纪人员。但如果不表明身份，作为买方一般是不了解经纪人员与开发企业的关系的。买方往往将经纪人员视为房地产开发企业的员工，可能提出的一些问题是销售人员无法回答的，也可能提出的一些要求是需要开发企业解决的。因此，及时地向买方披露自己房地产经纪人员的身份，说明自己或者自己所属的经纪机构与开发企业的关系，可以厘清经纪机构和开发企业的责任界限，以免介入买方和开发企业的冲突中（如买方和开发企业关于房屋质量的矛盾），承担不应由经纪机构承担的责任。

（二）介绍商品房项目的主要情况及物业管理情况

在签约前房地产经纪人员应向买方客观介绍开发企业的实力与水平、开发资质等级、信誉度、项目的具体情况，特别注意介绍其房屋质量、售后服务与物业管理等情况。其中，物业管理情况包括前期物业管理和管理规约的情况、物业管理的收费情况等。

（三）提供项目查询服务

房地产经纪人员在签订买卖合同前，应告知买方其可以亲自查询有关项目信息或者由房地产经纪人员帮助查询、核对相关预售许可证的信息；并告知买方项目相关情况，如开发进度、具体的竣工日期及其项目是否办理过抵押等情况。买方有权了解项目的价格、销售等情况；有权实地考察项目及其配套的设施设备情况。房地产经纪人员可以帮助买方核对开发企业提供的有关预售资料，并可以提供网上查询的帮助。

（四）说明认购协议书或意向书的作用

买方确定购买意向后，很多开发企业采取签订认购协议书或者意向书的方式锁定客户。有的认购协议书或者意向书仅仅约定买方有购买房屋的意向，但对所购房屋的情况，如商品房的基本情况、面积、价格、房号等均没有具体约定；或者约定将来拟购买该商品房项目，具体条款须另行拟订。这类认购协议书或者意向书并不能替代正式的商品房买卖合同。根据认购协议书或者意向书的内容，法律上可以认定其为预约合同（即约定将来签订合同的协议）。如果认购协议书或者意向书内容完全符合商品房买卖合同的特征和要求（已经具备了商品房买卖合同的主要内容或条款，如具备建设部令第 88 号《商品房销售管理办法》第 16 条规定的主要条款），并且卖方已经按照约定收受购房款了，则在法律上视其为商品房买卖合同。

按照最高人民法院的司法解释，出卖人通过认购、订购、预订等方式向买受人收受定金作为订立商品房买卖合同担保的，如果因当事人一方原因未能订立商品房买卖合同，应当按照法律关于定金的规定处理；因不可归责于当事人双方的事由，导致商品房买卖合同未能订立的，出卖人应当将定金返还买受人。

（五）推荐买卖合同文本

为保障将来不动产转移登记的顺利进行，房地产经纪人员应首先推荐使用有关部门制订的商品房买卖合同示范文本。

1. 示范合同文本及使用说明

在销售时，房地产经纪人员需要首先提供商品房买卖合同供买方查看阅读。在大部分城市，商品房买卖合同是政府有关部门制作的示范合同文本，许多城市商品房买卖合同实现了网上签约。在使用这类合同时，经纪人员需要告知买方，示范合同中印制好的条款是无法改变的，但空白条款的内容是可以协商的，买方如有特殊要求，可以另行签订补充条款。

2. 房地产开发企业格式文本相关条款的说明

一些房地产开发企业因各种原因（如暂时不具备签订示范合同的条件），可能会在正式签订示范合同前，要求买方签订本企业制定的商品房买卖合同。此类合同将来可能是作为示范合同的附件，也有可能是作为草签的合同，其内容被后签的示范合同内容取代，此合同即作废。在签订这类合同时，经纪人员要告诉买方，为顺利办理不动产转移登记，最终需要签订示范合同。特别应该提示买卖双方，如前后合同有不一致的条款应该约定好如何处理。

如使用作为卖方的房地产开发企业所制作的格式合同，需要向买方解释清楚格式条款的含义。根据我国《合同法》的规定，提供格式条款一方（开发企业）有提示、说明的义务，应当提请对方注意免除或者限制其责任的条款，并按照对方的要求予以说明；免除提供格式条款一方当事人（即房地产开发企业）的主要义务、排除买方主要权利的格式条款无效；对格式条款的理解发生争议的，应按通常理解予以解释；对格式条款有两种以上解释的，应当作出不利于提供格式条款一方的解释，即一般情况下法律上作出不利于制作方即房地产开发企业的解释。

（六）解释商品房销售的法律规定

按照规定，购买的商品房项目如果是尚未竣工的，应具有商品房预售许可证。房地产经纪人员需要告知买方，具备商品房预售许可证的项目才可以合法销售。未取得预售许可证，其签订的买卖合同无效。在当前各地有不同的限购政策的情况下，经纪人员也需要告诉当事人有关的政策限制，以免合同无法网签备案。

二、签订新建商品房买卖合同

按照有关规定，预售的项目是未通过竣工验收的（有些城市提高了预售的门槛，如要求预售项目必须主体结构封顶并通过验收），应签订商品房买卖（预售）合同。现售的项目是已经通过竣工验收的，应签订的是商品房买卖（现售）合同。房地产经纪人员需要根据项目情况向买方说明应签订哪一种合同，然后再将合同主要内容向买方解释清楚。

（一）商品房预售、现售合同主要内容

根据《商品房销售管理办法》的规定，房地产开发企业和买受人订立书面商品房买卖合同应当明确以下主要内容：

1. 当事人名称或者姓名和住所。

2. 商品房基本状况。

3. 商品房的销售方式。

4. 商品房价款的确定方式（计价方式）及单价、总价款、付款条件、付款方式、付款时间。

5. 交付使用条件及日期。

6. 装饰、装修及设备标准承诺。

7. 供水、供电、供热、燃气、通信、道路、绿化等配套基础设施和公共设施的交付承诺和有关权益、责任。

8. 公共配套建筑的产权归属。

9. 面积差异的处理方式。

10. 办理产权登记有关事宜。

11. 解决争议的方法。

12. 违约责任。

13. 双方约定的其他事项。

（二）指导当事人填写示范合同

2014 年 4 月，住房和城乡建设部、国家工商行政管理总局发布《关于印发〈商品房买卖合同示范文本〉的通知》（建房［2014］53 号），要求积极提倡和引导商品房交易当事人使用该合同示范文本。该示范文本包括《商品房买卖合同（预售）示范文本》GF－2014－0171、《商品房买卖合同（现售）示范文本》GF－2014－0172。房地产经纪人员应注意，该版合同增加了室内空气质量、建筑隔声和民用建筑节能措施等有关环保方面的约定。

房地产经纪人员应事先研读示范合同。根据示范合同文本，按照有关商品房买卖的法律规定，解释合同条款的含义，指导当事人正确填写空白条款。

房地产经纪人员需要对买方说明：买方有权要求出售方出示该项目的商品房预售许可证，并按时交付质量合格的房屋。对于买卖双方来说，合同主要的义务在于按约定交付房款和按照合同约定按时交付房屋。另外，买卖双方均有义务配合办理不动产转移登记手续。

三、新建商品房买卖合同风险防范

（一）商品房买卖（预售）合同风险预防

作为房地产开发企业代理方的经纪机构需要特别注意，在商品房销售合同中，不仅需要预售方在合同上盖开发企业的公章，还需要有该房地产开发企业法定代表人的签字（章）。

商品房预售由于是销售尚未建成的房屋，因此客观上存在一定的法律风险，特别是买方通常已经支付了部分房款，是否能够按时交付房屋、房屋质量是否达到合同要求等均存在不确定的因素。因此，房地产经纪人员应提示合同可能存在的主要风险，做好以下风险防范工作：

1. 土地与开发情况说明

主要是查实预售项目的土地性质、规划用途、来源、使用年限、是否设有抵押等情况以及开发项目的其他具体情况。

2. 房屋图纸与结构的确认

房屋相关的图纸一般作为合同附件。为防止以后发生争议，经纪人员应告知买方，图纸应经双方认可并签章，特别是需要开发企业的签章认可，也要提示注意作为合同重要内容的房屋结构与图纸的一致性。如开发企业修改设计也需告知买方，买方有权选择退房或者继续履行合同。

3. 宣传资料与广告明示内容写入合同

商品房销售广告和宣传资料所明示的事项应当写入合同。根据有关规定，出卖人就商品房开发规划范围内的房屋及相关设施所作的说明和允诺具体确定，并对商品房买卖合同的订立以及房屋价格的确定有重大影响的，这部分内容即使未写入商品房买卖合同，也视为合同内容，违反承诺需要承担违约责任。经纪人员应该告知买方保存好售楼书及有关的销售广告。

【案例 5-6】2000 年，上海某房地产开发企业将自己建造的房地产项目对外销售。其宣传广告称小区楼房间距 50 米、绿化率 50%。开发企业与买受人签订的商品房买卖合同约定“开发企业不得擅自变更该房屋的建筑设计，确需变更的，应征得业主同意并报规划管理部门审核批准”，“未征得业主同意变更该房屋建筑设计，业主有权退房；业主退房时，开发企业除如数退还业主已支付的全部购房款外，还应按已付房价款的 5%向业主支付违约金”。“开发企业不得擅自变更已与业主约定的平面布局，若确需变更的，应征得业主书面同意；开发企业未征得业主同意变更小区平面布局，业主有权要求开发企业恢复，如不能恢复，开发企业应向业主支付总房价款的 3%违约金”业主入住后发现楼间距缩小到 30 米，纷纷要求开发企业赔偿。

【分析】房地产开发企业在销售广告和宣传资料中所附的小区规划平面示意图，显示的是小区的平面布局，具体明确，这对双方预售合同订立及房价确定有重大影响，应视为要约。尽管平面示意图未附属在双方签订的商品房买卖合同中，但也应视为合同内容之一，对当事人双方产生约束力。法院判决该开发企业须支付买受人总房价款 3%的违约金赔偿。

4. 面积误差条款的约定

作为预售房，在签订预售合同的时候，其销售的面积是预测的。最后结算的面积是以房地产权属证书所记载的面积为准，而房地产权属证书所记载的面积则为实测面积。因此，合同面积与房地产权属证书所载面积之间可能存在一定的误差。经纪人员应提醒当事人在合同中约定交付面积与实测面积发生误差时的处理方式，建议在合同中直接约定误差解决方式适用有关部门的规定（如适用《商品房销售管理办法》的规定）。为避免交付时的矛盾，合同中也需要约定套内面积和建筑面积、分摊的公用建筑面积等误差处理方式，公用建筑面积分摊方式应有明确约定。建议经纪人员向买方解释哪些部位属于分摊的公用建筑面积（以有关部门的规定和最高人民法院的司法解释为准)，预防将来就公用建筑面积的不同理解产生纠纷。

5. 合同备案的约定

在政府制定的示范文本中一般都规定了“自合同签订（　）日内办理备案手续”的条款。如果使用非示范合同文本，则房地产经纪人员需要提示当事人就备案进行约定，特别是要约定备案是否是合同有效的条件，即合同是否备案后才生效。并且应该告知买方使用非示范合同文本可能无法备案，将来无法办理过户手续及取得房地产权属证书。

6. 相关费用的负担与前期物业管理的约定

就购买的商品房的价格，需要在合同中说明是否包含其他费用，如燃气管道、水、电增容、网络光纤、有线电视、维修基金、装饰装修及设施设备费用等。由于很多城市的示范合同文本将前期物业管理有关条款作为合同的组成部分(附件)。因此，在签订合同时必须就前期物业管理和物业管理规约进行选择或者约定。

7. 交付和保修及风险责任的约定

经纪人员需要提示当事人将交付期限约定清楚。对于合理顺延期也要约定，合理顺延的情形一定要在合同中写明。如约定除不可抗力以外，哪些情形可以延缓交付。一定要注明买方接管房屋时应按合同要求验收。此外，国家关于逾期办理房地产权属证书有违约责任的规定。因此，要约定双方办证的条件和程序，明确双方的逾期责任，并且约定交付时提供“两书”。

风险责任一般约定是房屋交付后转移，但是需要就房屋交付的程序进行约定，特别是约定一方不配合交付的情况下如何处理及责任认定的原则。如开发企业按时交付房屋并提供办理房地产权属证书的协助，而买方不及时收房、不愿意按时办理房地产权属证书，则可以约定这类情况下开发企业不承担违约责任。

8. 定金罚则的提示

在签订定金条款时，房地产经纪人员需要告知当事人定金的性质和定金罚则的内容，并准备好相关的单据供当事人填写、签字（章)。

9. 合同附件和补充条款的说明

房地产经纪人员最好在签订合同时就附件的性质和作用提醒当事人，如附件是否作为合同的组成部分，并提醒买方附件签章后生效等。

所有的补充条款需要双方当事人同意并签章。经纪人员在签约时应提示当事人如有图纸等粘贴的，均需要双方签字并且盖骑缝章。

【案例 5-7】樊先生 2014 年看中了一套豪宅，总价为 6500 万元。并在 2014

年8月和某房地产开发企业签订了买卖合同，通过合同附件一约定以银行贷款方式分期付款购买该房屋，但双方没有单独在附件一上签字盖章。在合同签署时，附件一和其他附件装订在合同签署页前，开发企业表示，这是当地房地产管理部门的统一格式和要求。樊先生签署了合同，并在当天支付了1850万元首付款，并于2014年11月付清了全款，准备收房。但开发企业通知他要先交51万元逾期付款违约金才会交房，依据是双方签订的合同附件一的约定（附件一称最后一笔款应于2014年10月20日前支付）。开发企业认为，因为樊先生在合同尾页签字了，便是认同合同中所有的内容，包括附件一的内容，因此买方迟延付款就得交纳违约金。而樊先生认为，根据《合同法》等相关规定，附件一“付款时间和付款方式”等作为这份买卖合同的附件或补充条款，需要单独签署。

【分析】实际上该案的关键就在于合同签订时双方是仅就合同主文签字生效（不包括附件、补充条款），还是合同全部（含附件、补充条款）生效。

本案中，附件一和其他附件装订在合同签署页前。这种情况下，在合同的尾页签字，如没有特别的约定，一般可以视为对全部合同（含附件、补充条款）的认可。如果双方当事人明确约定无论是合同主文还是附件，都需要双方当事人签字方有效，那么必须所有的附件和补充条款都应该签字盖章。本案中，如果双方议定附件和补充条款暂不签署，则应在合同正文中说明：附件另行签订，并在双方签字另行后生效，且可暂不纳入合同文本之内。

从开发企业和作为代理销售的房地产经纪机构角度看，在签署合同前，对于合同主要条款、内容、附件、补充条款的作用以及签字生效的方式都应事先解释清楚，并且提示买方注意在签订合同前应将所有合同的条款和具体内容看清楚，在理解无误后再签字。为避免纠纷，房地产经纪人员最好建议双方在合同中约定：所有的附件和补充条款均应签字盖章后生效。

（二）商品房买卖（现售）合同风险防范

房地产经纪人员在代理销售已经通过竣工验收的商品房时，应当做好以下工作：

1. 确认开发企业是否已将建成的商品房出租或者已作他用

作为已经竣工验收的房屋，开发企业可能存在出租后转销售或者作为其他用途使用的情况。如果买方本人就是承租人或者使用人当然不存在问题。但如果买方不是承租人或者使用人，则房地产纪人员一定要落实承租人是否已经放弃了优先购买权（要书面证明），其他使用房屋的情况是否已清理。如果租约未到期，买方还需让承租人住到租期届满。经纪人员应该提示双方约定租金及押金的收益归属。

2. 定金罚则的说明

在签订定金条款或者定金合同时，经纪人员应说明定金合同（或者定金条款）是定金实际交付后才生效，且适用定金罚则时以实际交付的数额为准，告知当事人定金罚则的适用条件。

3. 广告宣传与合同责任的约定

通常在开发企业的宣传资料和广告中有关项目的描述有很多。哪些是需要排除的，最好在合同中阐明，以免成为纠纷的缘由。根据规定，商品房销售广告和宣传资料所明示的事项，当事人应当在商品房买卖合同中约定。

4. 面积条款的确定

现售的房屋因已经通过竣工验收，面积误差存在的可能性较少，所以房地产经纪人员应提示当事人在合同中写清销售面积是否是实测面积。如果在销售时已经进行过面积实测，则在合同中应该直接约定实测面积。

5. 交付“两书”的提示

由于是现房销售，经纪人员应当提醒交付“两书”，提示买方注意保修期限和保修责任。

6. 配套设施设备的交付约定

合同中应约定配套设施设备交付的时间、交付的状态、交验的具体程序和各方的责任承担。

7. 产权过户的提示

合同中须说明现房是否具备办理房地产权属证书的条件。如果尚不能办理，需要特别声明。经纪人员应提醒买方注意合同约定或者有关部门规定的办理房地产权属证书的时间和责任。

8. 相关费用的承担说明

合同中需要约定销售价格包含的内容，价格之外的任何其他收费需要明确说明，税费的分担也需要写明。最好给买卖双方各列一张表格以明示各自的税费分担，以避免将来为此产生纠纷。

9. 物业管理的说明

房地产经纪人员应提醒当事人合同中需要明确写明有关物业管理的约定，表明是否是前期物业管理。

10. 图纸交付与合同附件的约定

合同中需要写明图纸是否作为合同附件，或者是单独交付有关图纸；有关房屋的补充协议或者其他附件是否是合同的组成部分。经纪人员需要提醒当事人在合同和图纸上双方签章认可，以避免纠纷。

11. 交付验收的提示

合同中需要约定交付的时间、地点、验收的标准和程序，装饰装修情况、设备的交付和验收以及迟延交付的责任。

12. 风险责任的约定

房地产经纪人员需要提醒当事人在合同中明确约定房屋的风险责任转移时间、标准。业内通常以房屋交付（一般理解为交钥匙）为标准，但需要提示当事人注意：如因某一方的责任导致的交付迟延而产生的责任如何承担。

13. 补充条款的签章

房地产经纪人员需要特别提示当事人：所有合同附件补充条款图纸等均要签章确认，以免日后发生争议。

（三）商品房买卖合同的核对与保管

商品房销售中，可能有预订、意向销售的情况，或有房地产经纪人员代为办理贷款、过户等情况。为此，当事人可能签有多份协议。房地产经纪人员一定要注意各不同时间、因不同目的签署的协议间内容的一致性，并应该告知当事人作出如下约定：如各协议或文本有内容不一致的，以最终作为正式买卖合同（示范合同）的文本为准。经纪人员应特别注意网签上传的合同和纸质合同的一致性。为防止将来产生合同争议，作为专门代拟合同的房地产经纪人员需要保管一份核对无误的纸质合同存档备查。

第三节　代拟房屋租赁合同

随着国家对房屋租赁的政策支持力度越来越大，房屋租赁经纪业务将会有更加快速的发展。尤其是在各大中城市，房屋租赁经纪已是房地产经纪人员的主要业务之一。房屋租赁是民事行为，除双方应遵守国家法律法规等规定外，房屋租赁行为主要是通过合同来规范的。因此，房屋租赁合同的拟定十分重要。

一、合同签订前的准备

（一）实地查看和如实介绍房屋使用状况

房地产经纪人员在前期的工作中主要是注意委托出租房屋的委托人对承租人的要求和对房屋使用的要求、条件。应实地查看房屋的环境状况和使用情况、装修、附属设施设备状况等，特别是签订合同前应了解房屋是否有使用纠纷等，注意租赁中易产生的问题和可能发生争议的情况。

（二）提示双方注意房屋设施设备状况

经纪人员在对房屋进行查看后，最好将出租房屋的设施设备列一份清单，或者进行现场拍照，在签约时可以约定将所拍摄的现场照片作为合同附件。

（三）解释有关房屋租赁的主要规定和特别规定

房地产经纪人员在代为拟定租赁合同时，应告知当事人国家和地方政府的有关规定。根据《合同法》，租赁期限不得超过 20 年。超过 20 年的，超过部分无效。租赁期间届满，当事人可以续订租赁合同，但约定的租赁期限自续订之日起不得超过 20 年。此外，应了解拟出租的房屋是否属于法律、法规规定禁止出租的房屋，如属违法建筑、不符合安全、防灾等工程建设强制性标准的、违反规定改变房屋使用性质的房屋，则不能出租。

近年来国家和地方政府对于房屋出租均有一些特别的规定，如关于人均租住建筑面积不得低于当地人民政府规定的最低标准等，因为标准各地不一，需要特别提醒当事人注意。尤其是禁止性的规范，如关于禁止出租保障房、禁止群租等，在签订合同前必须要向当事人解释清楚。另外，是否允许转租，也应该进行提前约定。

（四）选择租赁合同文本

许多出租人为避税而不愿办理租赁合同的备案手续。因此，存在不选用政府有关部门制定的示范合同的现象。实践中常见的情况是交易双方在房地产经纪机构的推荐下选择房地产经纪机构制定的合同文本，或者是房地产经纪人员根据当事人双方协商的内容拟定合同。鉴于此，对合同文本和条款的解释与说明更是十分重要。否则发生争议时，当事人可能要求经纪人员承担责任。因此，为避免经纪机构和经纪人员牵扯到当事人的纠纷中去，应选择使用示范合同文本。

二、房屋租赁合同的拟定

经纪人员在确定出租方和承租方有成交意向后，应引导双方签订房屋租赁合同。租赁合同签订前，经纪人员应向租赁双方说明房屋租赁合同主要内容，并对有关条款进行解释、说明。

（一）房屋租赁合同的主要条款

房屋租赁合同一般应当包括以下内容：

1. 房屋租赁当事人的姓名（名称）和住所。

2. 房屋的坐落。

3. 出租房屋的户（套）型、面积（明确是使用面积或者是建筑面积）、结构。

4. 附属设施设备、家具和家电等室内设施状况。

5. 房屋租金及支付方式和押金数额、押金支付方式。

6. 租赁用途和房屋使用要求。

7. 房屋和室内设施的安全性能。

8. 租赁期限。

9. 房屋维修责任。

10. 物业管理、水、电、燃气、网络、有线电视等相关费用的缴纳。

11. 违约责任和争议解决办法。

12. 其他约定。

（二）指导当事人选用和填写合同

如果选用政府有关部门制订的示范合同文本，房地产经纪人员应当根据有关规定，引导当事人正确理解合同条款，并指导当事人填写空白条款。如果选用房地产经纪机构制订的租赁合同，则房地产经纪人员应对双方予以说明，并提醒双方注意其中有关权利义务条款的约定，特别应注意向当事人解释承担责任的条款。对易产生争议的合同条款，房地产经纪人员应事先解释清楚。

三、房屋租赁合同风险防范

（一）房屋租赁合同效力的提示

房屋租赁是一项民事行为，作为承租人和出租人的权利义务主要是通过合同确定的。因此，合同的具体内容和条款对当事人双方十分重要，是其行为的依据。

按照有关司法解释，同一房屋订立数份租赁合同，在合同均有效的情况下，按下列顺序确定履行合同的承租人：

1. 已经合法占有租赁房屋的。

2. 已经办理登记备案手续的。

3. 合同成立在先的。

（二）房屋租赁押金的支付与押金作用说明

房屋租赁在习惯上通常需要支付一定的押金，其作用主要是担保租金的按时交付和房屋、设施设备的合理使用。经纪人员在代拟合同时特别需要提醒当事人，押金数额应适当，过高不利于承租人，过低不利于出租人。

（三）房屋装饰装修与设施设备处理

房地产经纪人员应告知当事人：合同中要明确是否同意承租人另行装修。如果同意承租人装修，还需要约定租赁合同到期时，装饰装修物的处理办法。

（四）租金交付方式的说明

房地产经纪人员应提醒当事人在合同中明确租金的支付方式：如月付、季付、年付等，及如何支付及迟延支付的责任。

（五）维修责任的约定

房地产经纪人员应该告知当事人在合同中约定房屋及其设施设备的维修责任。如没有特别的约定，维修责任通常由出租人承担。建议事先约定清楚，以免将来产生纠纷。

（六）税收责任的约定

按照目前的规定，房屋出租需要缴纳相关的税费。纳税是出租人的义务，但由于实践中很多出租人不愿意缴纳，房屋租赁中逃避税费的情况较为普遍。因此，经纪人员需要提醒当事人在合同中一定要约定相关的法律责任，经纪人员应避免牵扯到当事人的避税事宜中，以免事后引发争议连累到自己和经纪机构。

（七）物业服务费等费用缴纳的约定

通常水、电、气、有线电视、电话、网络等费用均是由承租人缴纳的。但为防止争议的产生，最好在合同中就此作出明确约定，特别是物业服务费、供暖费用等需要在合同中进行特别约定。

（八）转租约定的提示

房地产经纪人员应提示双方在合同中约定，出租的房屋是否能够转租。经纪人员要告知承租人：没有约定可以转租的，承租人不能转租。

（九）安全责任与风险责任提示

房地产经纪人员应该提醒出租人确保其提供的房屋和附属设施设备等（如煤气灶、热水器）符合安全要求。当事人通常可在合同中做如下约定：房屋和设施设备正常使用下的风险一般由出租人承担；非正常使用产生的风险应由承租人承担。提示承租人按照合同约定的用途使用房屋，否则应承担违约责任。

（十）租赁合同终止时的责任约定

房地产经纪人员需要提醒当事人：在合同未到期时，如双方一致同意解除合同，应约定如何处理房屋装饰装修以及设施设备，或者由哪一方承担装饰装修以及设施设备的补偿责任；如果合同无效，应约定装饰装修以及设施设备如何处置，或者装饰装修以及设施设备补偿的承担方式；也需要约定合同履行期满时，如何处理装饰装修以及设施设备。

（十一）补充协议的签章

房地产经纪人员需要提醒双方当事人：所有的补充协议、合同附件、设施设备的清单、双方认可的图纸等文件均需要双方签章确认。

（十二）优先购买权提示

按照我国法律规定，承租人对承租房屋享有优先购买权。因此，经纪人员在代拟合同时需要对当事人双方说明以下问题，以免房屋出租期间产生纠纷：

1. 承租人的优先购买权行使条件

优先购买权是房屋租赁期间出租人出售租赁房屋的，承租人在同等条件下可以享有优先购买权，房屋出租人应当在出售前合理期限内通知承租人。经纪人员应告知当事人在合同中对此进行约定。

2. 承租人行使优先购买权的司法限制

按照最高人民法院的司法解释，承租人的优先购买权是有一定限制的。下列情况下，房屋承租人的优先购买权法院不予保护：房屋共有人行使优先购买权的；出租人将房屋出卖给近亲属的（如父母、子女等）；出租人履行通知义务后，承租人在15日内未明确表示购买的；第三人善意购买租赁房屋并已经办理登记手续的。因此，经纪人员需要提示当事人在合同中就相关内容进行约定，以及时保护自己的权利。

（十三）租赁房屋安全和群租风险

1. 租赁房屋安全及双方当事人的责任

经纪人员需要告知出租人违法建筑、不符合安全要求的房屋不能出租；承租人应当按照合同约定的租赁用途和使用要求合理使用房屋，不得擅自改动房屋承重结构和拆改室内设施，以免影响房屋的安全。

2. 违法出租的风险

根据规定，出租住房的，应当以原设计的房间为最小出租单位，人均租住建筑面积不得低于当地人民政府规定的最低标准。厨房、卫生间、阳台和地下储藏室不得出租供人居住。在签约时，经纪人员需要提醒当事人注意国家和地方相关的规定，告知其违反规定可能导致行政处罚。

【案例5-8】郭女士与某房地产经纪机构签订了《房屋出租委托代理合同》，委托其出租自己一套两居室的房屋。根据双方签订的委托合同，该机构可以对房屋进行适当装修。合同签订后，房地产经纪机构开始装修。之后，郭女士发现该房地产经纪机构在房屋内进行施工、分割房间，将两居室拆改成五个单独隔间，并以单个隔间为单位，向5个不同的租房户出租。她认为该机构的行为违反了合同约定和相关法律规定，故诉至法院，请求判令解除双方签订的房屋出租委托代理合同，要求经纪机构承担违约责任和赔偿损失。

【分析】房地产经纪机构在对出租房屋进行改造前，须取得出租人的书面同意。若未经出租人同意擅自改造房屋，出租人发现后可及时要求其恢复原状或解除合同。在签订租赁合同时，交易双方应对装修条款予以明确，例如是否能对结构进行改造，装修的具体限制与条件等。合同中不能使用“适当”这种模糊的概念。本案中，双方在合同中对于“适当装修”的内容约定属于模糊性约定。经纪机构擅自改变房屋用途或者房屋状态，显然超出了“适当”的范围，未能尽到合法和恰当履行合同的义务，所以应向出租人承担违约责任。同时，该行为也违反国家的相关规定，根据《商品房屋租赁管理办法》规定，有关部门可以对此进行行政处罚。

（十四）约定房屋征收时的处理办法

房地产经纪人员需提醒租赁双方在合同中约定：在租赁期限内，一旦房屋被征收（或拆迁）时，租赁合同应如何处理，特别是要明确承租人的搬迁责任。

（十五）租赁期限届满的约定

经纪人员应提示当事人：租赁期间届满，承租人继续承租应续签合同。如果租赁期限届满，双方没有续签合同，但承租人继续居住或者使用房屋，出租人没有提出异议的，原租赁合同继续有效，租赁期限为不定期。

四、合同的核对与保管

为避免将来产生争议，房地产经纪人员应当仔细核对合同的条款，保证每一份合同条款的一致性。如果是网上备案，需要注意纸质合同和网签合同的一致性，并核对无误后留存一份纸质合同存档备查。

第四节　房地产交易合同登记备案

《国务院办公厅关于促进房地产市场平稳健康发展的通知》（国办发［2010］4号）提出进一步建立健全新建商品房、存量房交易合同网上备案制度，加大交易资金监管力度。住房城乡建设部等七部门《关于加强房地产中介管理促进行业健康发展的意见》（建房［2016］168号）提出全面推行交易合同网签制度。目前，全国大部分城市也相继出台了规定，要求当事人办理存量房买卖合同备案，或者是进行合同的网上签约及备案。对此，经纪人员一定要了解和注意。

一、存量房买卖合同备案

（一）存量房买卖合同网签和备案

1. 存量房买卖合同网签和备案准备

目前，不少城市规定了存量房交易必须网上签约和备案。一些地方房地产管理部门给予合法备案的房地产经纪机构密钥，授权房地产经纪机构代为办理存量房买卖合同的网签和备案。因此，房地产经纪人员需要在签约前事先查询当地的规定，特别需要提醒买卖双方网签或备案可能产生的法律后果。并告知当地的具体规定，特别是备案后再行撤销已经网签的合同或者撤销网上备案，这种情况下一定要事先查清规定，特别是应该搞清楚撤销的程序，预估撤销可能产生的障碍、撤销的法律后果等。

2. 告知买卖双方网上备案的程序

房地产经纪人员需要详细了解房屋所在地存量房买卖合同网上备案的办理程序，并告知买卖双方按照规定的要求准备材料并办理备案。

3. 协助当事人准备网签的材料

按照房屋所在地房地产管理部门的要求协助买卖双方准备网签材料。为防止将来发生争议，补充条款和附件也需要作为备案的材料，一旦发生争议可以备查。

（二）协助当事人办理纸质合同备案

房地产管理部门规定除网签合同外，还需要办理纸质合同的盖章备案。因此，房地产经纪人员在协助当事人办理完网签合同之后，应督促或者陪同买卖双方及时办理纸质合同的备案，以免影响后续的不动产转移登记手续的办理。

二、新建商品房买卖合同登记备案

商品房预售合同必须进行备案登记，这是法律规定。房地产经纪人员需要告知买方具体操作规定和办理网签备案所需要的材料。

（一）办理商品房买卖合同网签手续

很多城市对于商品房买卖合同都实行了网上签约。作为开发企业代理方，房地产经纪人员需要告知买方网签和登记备案的法律意义，并做好以下工作：

1. 通过网络查询拟销售的商品房项目的网上资料

取得预售许可证的商品房项目或者合法销售的商品房现售项目一般都可以在当地房地产管理部门的官网上查询到相关的资料，甚至可以在网上查到该项目的示范合同文本的具体条款内容。

2. 告知买方商品房买卖合同的网签程序

根据项目所在地的规定，告知买方如何办理商品房买卖合同的网签手续。

3. 协助房地产开发企业和买方准备网签材料

协助房地产开发企业准备好办理网签的公司资质材料和项目材料；协助买方准备办理网签的材料。

4. 网上签订商品房买卖合同

一些城市的商品房买卖合同的网签是通过给予符合销售条件的开发企业密钥进行的。作为开发企业的代理方，如房地产经纪机构掌握密钥的，可以帮助当事人直接办理网签手续。

（二）商品房买卖合同登记备案

房地产经纪人员在协助当事人办理好网签手续后，应督促并帮助当事人办理商品房买卖合同的登记备案。

1. 督促并协助买方办理商品房买卖合同网上备案

有些城市规定，在网上签约的同时需要办理商品房买卖合同的网上备案。但是经纪人员需要明确告知买方是否应同时办理网上备案，或者办理网上备案的具体时间，建议网签与合同备案同时办理。

2. 协助签订纸质合同

在网上签订合同之后，需要及时协助当事人下载纸质合同，并填写需要手工填写的内容（现在大部分是网上签约后可直接下载打印，但是需要手工签章）。经纪人员应督促当事人及时在纸质合同上签章，以免出现网上合同和纸质合同的签约时间脱节，导致对合同效力产生争议，如果缺乏手工签章甚至会影响合同的生效。另外网上签约之后，下载的合同或者纸质合同应与网签合同一致，不能随意修改。

3. 督促并协助买方办理纸质合同的登记备案

网上备案或下载并填写纸质合同后，房地产经纪人员要督促及时办理纸质合同的备案。一般示范合同中均有关于商品房预售合同登记备案的条款，如 2014 年住房城乡建设部和工商总局制定的示范合同规定：出卖人应当自本合同签订之日起【　　日内】（不超过 30 日）办理商品房预售合同登记备案手续，并将本合同登记备案情况告知买受人。

商品房买卖合同备案需要双方当事人共同办理，如果是经纪机构代办，应事先要求开发企业准备好有关的材料，并与买方约定具体的办理时间。

【案例 5-9】 2011 年 5 月，陈某在某市购买了一套商品房并与开发企业签订了购房合同。合同中约定，在合同签订后 10 日内，开发企业向房屋登记机构申请登记备案，逾期没有申请的，按日支付万分之一的违约金。但因为种种原因，一直到 2012 年 2 月，开发企业才为陈某办理了预售登记。2013 年初，陈某将开发企业告上法庭，要求按照合同规定赔偿违约金 3800 余元。开发企业辩称：在签订合同当天，他们就对该购房合同进行了网上签约。网上签约就等同于登记备案，自己并没有违约。法院认为，被告在第一时间与陈某网上签约，已经杜绝了

“一房二卖”的可能性，这也是购房合同登记备案的主要目的。此外，被告按照合同约定按期交房，陈某的实体权利并没有受到侵害，也没有形成实际损失。但是，开发企业未按约定和规定办理备案，仍然构成违约。因此，法院判决开发企业承担违约责任。

【分析】本案就是因为签约和备案时间脱节，并且间隔时间1年多引发了争议。虽然法院在判决中认为网上签约可以杜绝“一房两卖”，但由于网上签约并不能等同于合同的备案登记，开发企业仍然承担了违约责任。

4. 推荐办理商品房预告登记

一些城市将预告登记和备案登记合二为一，在政府的示范合同中直接约定当事人办理预告登记手续。也有一些城市仅要求办理合同登记备案，是否办理预告登记由双方当事人自行约定。为保证买方的权利，经纪人员可以解释并推荐办理预告登记。有些地方规定：一方不配合办理，另一方可以单独办理。如上海市的商品房预售示范合同规定：“双方商定本合同生效之日起__日内由甲乙双方共同向房地产登记机构办理预告登记。其中一方逾期不配合办理预告登记的，另一方有权单方办理预告登记。”

三、房屋租赁合同登记备案

房屋租赁合同登记备案因为涉及缴纳税费，双方当事人往往不愿意办理。但是作为房地产经纪人员，应告诉租赁双方国家的规定和要求，特别是如果一方当事人需要开具发票的，必须备案，否则无法出具发票。经纪人员也需要告知当事人逃避国家税费可能承担的法律责任。

（一）告知当事人（网上）备案的要求

一些城市实行了房屋租赁合同的网上备案。对此，作为经纪人员需要及时告知当事人有关规定及网上备案、纸质合同备案如何办理。

（二）协助当事人办理房屋租赁登记备案证明

经纪人员应该告知当事人登记备案的法律意义及不办理登记备案所可能产生的法律后果。如果租赁双方有意办理，应积极督促当事人及时办理房屋租赁登记备案证明。如果有当事人书面委托，经纪人员可以代为办理。

（三）提醒当事人法律责任的承担

1. 告知当事人办理备案的具体规定

根据《商品房屋租赁管理办法》规定，房屋租赁合同订立后30日内，房屋租赁当事人应当到租赁房屋所在地直辖市、市、县人民政府建设（房地产）主管部门办理备案。登记备案证明遗失的，需要向原登记备案的部门补领。房屋租赁登记备案内容发生变化、续租或者租赁终止的，当事人应当在30日内，到原租赁登记备案的部门办理房屋租赁登记备案的变更、延续或者注销手续。

2. 告知当事人缴纳相关税费

目前房屋租赁的税费按照规定是由出租方承担的。因此，需要明确告知当事人。如当事人愿意，也可以委托房地产经纪机构代为办理缴税手续。

3. 提示当事人合同登记备案的法律责任

按照规定，不办理登记备案或者租赁登记备案内容发生变化、续租或者租赁终止而不办理登记备案的变更、延续或者注销手续等备案手续的，可能面临行政处罚，如主管部门可以责令限期改正；逾期不改的，可处以罚款等。因此，需要告知当事人可能产生的法律责任与后果。

复习思考题

1. 存量房买卖合同签订前，作为房地产经纪人员应当提醒买卖双方准备哪些材料？

2. 根据我国《合同法》的规定，哪些合同可以变更、撤销？哪些合同属于无效合同？

3. 存量房买卖合同的主要条款应该包括哪些内容？作为房地产经纪人员应该注意哪些关键性的合同条款？

4. 我国法律关于定金合同（条款）、定金罚则有何规定？

5. 房地产经纪人员对于存量房买卖中可能存在的权利瑕疵应该如何进行说明和处理？

6. 签订新建商品房买卖合同前，房地产经纪人员应该做好哪些准备工作？

7. 商品房买卖合同应包括哪些主要内容？

8. 为防范商品房买卖合同风险，房地产经纪人员应该做好哪些工作？

9. 为防止租赁合同纠纷，房地产经纪人员应该做好哪些工作？

10. 房屋租赁合同应该包括哪些主要内容？

第六章　房地产交易资金结算

签订房地产交易合同后，房地产交易双方要按照合同约定结算交易资金，以确保房地产交易顺利进行并完成。房地产买卖和租赁中涉及的资金种类繁多，性质和作用不同，交割方式也有所差异。特别是房屋买卖价款，资金数额较大，且涉及交易资金监管，故手续较为复杂。房地产经纪人员要掌握交易资金的类型、支付方式及结算程序，以保障房地产交易的顺利完成。

第一节　房地产交易资金的类型

房地产交易资金有广义和狭义之分，广义的房地产交易资金包括房地产交易涉及的全部钱款，狭义的房地产交易资金主要是指房屋买卖价款和租金。房地产交易中涉及的钱款主要有以下几类。

一、交易价款

（一）房地产买卖价款

房地产买卖价款是指房地产的买卖价格所对应的钱款，实操中通常称为房款或购房款。房地产买卖价款是房地产买卖当事人参照市场价格水平，结合交易房地产的基本情况，经双方谈判并协商一致的成交金额。

房款可以按套计价，也可以按面积计价。存量房买卖一般按套标价，即直接约定每套房屋或每幢房屋所需支付的价款；新建商品房销售则一般按面积计价，即约定每平方米的售价即单价，然后用单价乘以相应的面积来计算总价款。

按面积计价的，要注意面积的内涵，是按套内建筑面积计价还是按建筑面积计价。按套内建筑面积计价的，应注明建筑面积和分摊的共有建筑面积。

期房销售中，签订合同时约定的面积和实际交付时的面积可能不一致，根据《商品房销售管理办法》和《最高人民法院关于审理商品房买卖合同纠纷案件适用法律若干问题的解释》的规定，商品房买卖合同中，对于面积误差处理有约定的，按约定处理，没约定的，按以下原则处理：

（1）面积误差比绝对值在3%以内（含3%），按照合同约定的价格据实结算，即多退少补。购房者因此要求解除合同的，法院不予支持。

（2）面积误差比绝对值超出3%，购房者要求解除合同，并且主张返还已付房款和赔偿利息损失的，法院应予支持。

（3）面积误差比绝对值超出3%，购房者不要求解除合同，愿意继续履行合同的，若房屋实际面积大于合同约定面积，在3%以内（含3%）的房价款由买受人按约定的价格补足；超出3%部分的房价款由开发企业承担，所有权归购房者；房屋实际面积小于合同约定面积，面积误差比在－3%以内（含－3%）部分的房价款及利息，由开发企业返还购房者，面积误差比超过－3%部分的房价款，由开发企业双倍返还购房者。

房地产买卖过程中根据交易阶段的不同，有预付款、尾款等相关价款。预付款是买方在房地产交易合同签订后房屋交付前，先行支付的一部分价款，其中第一笔预付款又叫首付款。预付款的目的是买方表达履行合同诚意或者解决对方资金短缺的问题。尾款是房屋交易完成后才予以结清的最后一部分价款，其目的是表示买方督促卖方按约定办理产权转移登记手续，结清交易税费及欠缴的物业服务费用等。

（二）房地产租金

租金是出租人将房地产及附属设施设备交付承租人使用，承租人支付的相应数额的钱款，一般由出租人和承租人协商议定后，在房地产租赁合同中体现。

居住类房地产的租金一般按套计价，商业类房地产的租金一般按面积计价。

房屋租赁中，租赁双方要讲清楚租金的内涵，是否包含房地产使用过程中所发生的物业服务费、取暖费等费用，承租人除支付租金外还要承担哪些费用，以免发生纠纷。

二、定金

定金是合同当事人在合同订立时或债务履行前，为保证合同的履行，依据法律规定或者当事人双方约定，由一方当事人按合同标的额的一定比例，预先给付对方当事人的钱款。我国《民法总则》《担保法》《合同法》及《最高人民法院关于适用〈中华人民共和国担保法〉若干问题的解释》对定金有相应规定。

定金的作用是担保合同的履行，担保性是其根本性质。如果合同按约定履行，定金应抵作价款或者收回；如果给付定金的一方违约，则无权要求返还定金；如果收取定金的一方违约，则应当双倍返还定金。

《担保法》规定定金的数额不得超过主合同标的（购房款、合同租金）的20%，如果超过这个比例，则超过的部分无效，定金罚则仍按20%的比例执行。

实践中，房屋租赁、买卖合同中都会约定定金条款，定金的数额一般由买卖、租赁双方谈判确定，定金一般一次性交付。在实行交易资金监管的城市，如果定金数额较大，也可单独签订定金监管协议。定金支付后，如果买方或承租方违约，则无权要回定金；如果卖方或出租方违约，则需双倍返还定金。

三、押金

押金是一方当事人为保证自己的行为不会给对方利益造成损害，如造成损害，可以此费用抵扣相关利益损失的钱款。押金也具有担保性质。

押金不同于定金，定金的适用范围不受限制，而押金适用的范围并不广泛，只适用于租赁合同、承包合同、医疗合同等有限的合同中。定金是一种双向担保，既适用于给付定金的一方，也适用于接收定金的一方，具有惩罚性；而押金只能由债务人提供，只能返还或抵扣，不具有惩罚性，但具有补偿性。

在房屋租赁过程中通常使用押金，押金是作为承租人对租赁房屋内的设施（如家具家电等）恰当使用、及时支付正常使用所产生的费用（如水、电、燃气等费用）和租金的保障。租房押金一般由出租方与承租方双方约定，实际操作中一般押 1～2 个月租金。如果承租人在房屋使用过程中有损毁房屋、附属设施、家具家电等行为，出租人有权依据合同约定从押金中抵扣相应损失。

四、其他钱款

（一）订金

订金是在房地产交易实践中产生的用语，不是一个规范的法律概念。房地产交易中的订金是指买方或者承租方在交易合同订立前，为了表达订立合同的诚意而支付给卖方或出租方的钱款。类似的款项还有意向金、诚意金、订约金等。

订金、意向金等的性质不同于定金，不具有担保性。如果双方当事人没有书面约定这些款项的定金性质，法院通常不支持其作为定金使用。如果交易不能达成，订金一般要如数退还。

订金与预付款的不同在于，订金是在交易合同签订前交纳的，而预付款是在交易合同订立后按约定支付的。预付款是主合同的重要组成部分，必须以合同的生效为前提。

新建商品房销售中通常使用订金、意向金等策略。例如，在商品房认购前对买方实行“一万抵三万”的优惠，买方支付的一万元就是订金性质，如果交易达成，将冲抵房款三万元，如果交易不能达成，支付的一万元订金要全额返还买方。

（二）违约金

违约金是指按照当事人约定或者法律规定，一方当事人违约的，违约方应向守约方支付的钱款。违约金具有担保债务履行的作用，又具有惩罚违约方和补偿无过错方所受损失的效果，具有补偿性和惩罚性。但违约金与定金不能并用，一方违约时，守约方可以在定金和违约金条款中选择之一适用。

需要注意的是，违约金的约定要适当，《合同法》规定“约定的违约金过分高于造成的损失的，当事人可以请求人民法院或者仲裁机关予以适当减少”。司法实践中，确有在房屋买卖纠纷案件中，因约定违约金过高，与造成的损失不相适应，经违约方抗辩，法院对违约金进行调整的案例。因此，房地产经纪人员在协助订立交易合同时，要提醒交易双方约定适当的违约金。

（三）保证金

保证金，是指合同当事人一方或双方为保证合同的履行，而留存于对方或提存于第三人的钱款。在一方出现违约行为，且该违约行为属于双方当事人约定的保证金的适用范围时，则守约一方当事人可依双方的约定，扣除部分或全部保证金。

房地产交易中，为保证房地产可以正常交割或卖方的户口已按约定迁出，有的买卖双方会在房地产买卖合同中约定物业保证金（交房保证金）、户口保证金等条款。一般是由双方约定以房款中的一部分作为保证金，在卖方付清物业服务费、水电费等欠款，房地产可以正常交割后，或者卖方的户口正常迁出后再支付相当于保证金的房款。如卖方违约，则买方可不支付上述款项。

保证金与违约金有相似之处，但又不相同。违约金是合同一方违约时承担责任的一种方式，而保证金是合同履行的一种担保方式，二者一般不同时适用。

保证金与定金有相似之处，都有担保合同实现的作用，但其没有双倍返还功能。保证金留存或提存的时间和数额是没有限制的，可以是在合同履行前或履行过程中，其数额可以相当于债务额，不像定金那样不得超过合同总价款的20%，而且必须在合同约定时或签订前给付。

（四）能源使用费等其他费用

在房屋租赁活动中，承租方在房屋使用过程中还会发生对于房屋内设施损耗、水、电、燃气等正常及非正常使用发生的租金以外的费用，这些费用要和出租人提前约定好由谁承担，以免发生纠纷。

第二节　房地产交易资金支付与交割方式

在房地产交易资金中，由于除房屋买卖价款外的其他钱款数额一般较小，支付方式和交割都相对简单，本节重点介绍房屋买卖价款的支付和交割方式。

一、房地产交易资金支付方式

（一）自有资金支付与贷款支付

1. 自有资金支付

指买方以自有资金向卖方支付购房款的方式。这里的自有资金是泛指不需要向银行贷款的付款方式，并不一定是买方自己所有的资金，也可能存在向他人借款的情形。

2. 贷款支付

贷款支付主要用于房地产买卖中，指买方由于个人经济能力暂时无法满足向卖方支付足额购房款，需要以银行贷款方式，由银行先行支付部分购房款，以后买方再按贷款协议向银行支付贷款本息的付款方式。房地产买卖中常用的贷款方式是个人住房抵押贷款。

买方采用贷款方式支付购房款的，房地产经纪人员要根据买方的条件，计算首付款比例和贷款额度，根据个人住房贷款的还款方式（等额本息、等额本金等）、贷款期限、贷款利率等条件，计算还款额，协助买方制定交易资金支付计划。具体计算方式详见《房地产经纪综合能力》个人住房贷款一章的内容。

（二）一次性付款与分期付款

1. 一次性付款

指房地产买卖中，买卖双方约定支付价款的一个日期，买方在该日期向卖方一次性支付完所有价款的方式。付款日期可以是房屋交付使用之前或房屋交付之日，也可以是房屋交付之后的特定某天。但卖方一般要求在房屋交付之前付清全款。

一次性付款方式对买方来说手续简便，房价折扣较高，对卖方来说能尽快回笼资金。但一次性付款对买方而言具有一定风险，特别是购买期房时风险更大，如果开发企业不能按期交房，或因资金不足导致工程烂尾，那买方一次性交付的价款将损失利息甚至全部无法追回。在二手房买卖中，如果采用这种付款方式，一定要提醒买方要求对交易资金进行监管。

一次性付款适用于购房者资金充足、卖方信誉良好或者买卖双方相互熟悉的情况。选择一次性付款的，经纪人员要提醒买方可能存在的风险，并在交易合同中约定有关不能按期交房或者顺利过户的违约责任，房屋及附属设施的保修期及出现质量问题时的解决方案。

2. 分期付款

指买方在支付所购买房地产的部分价款（首付款）后，根据双方约定时间或建筑工程进度逐次付清剩余房款的付款方式。

分期付款一般分为两阶段付款或者三阶段付款。根据有无贷款又有不同的付款方式：

（1）有银行贷款

有银行贷款的情况下，房款分两阶段支付的，付款的顺序为“定金—首付款—银行贷款”，房款分三阶段支付的，付款的顺序为“定金—首付款—银行贷款—尾款”。

上述付款方式中，首付款一般由买卖双方约定，但又受以下两个因素的制约：①买方可以申请贷款的最高限额。这个又受各城市购房贷款政策、房屋的房龄、买方的收入和信用等情况的影响。例如，北京居民购买首套房最多可贷到房屋评估价的七成，那首付款最少为房屋总价的三成；二套房只能贷到五成，那首付款最少为房屋总价的五成。如果房屋的建成年代较早，或者买方的收入较低、信用较差，则贷款的成数比上述政策规定的成数还要低，首付款比例还要高。②卖方对资金的要求。如果卖方急需资金，可能会要求买方支付较高的首付款比例，即使买方按政策能贷到较多成数的贷款，也无法用足贷款额度。

这种付款方式适用于买方自有资金不足，但信用良好可取得贷款，同时卖方不急需资金，交易的房屋可用于抵押的情况。对买方而言，采用这种付款方式减轻了当前的资金压力，但要付出借款利息，且可能面临未来利息上调的风险。对卖方而言，这种方式手续复杂，存在因买方贷款不被批准而交易无法完成，或因银行放款缓慢而资金难以快速回笼的风险。房地产经纪人员要将这些风险告知买卖双方。

（2）无银行贷款

无银行贷款的情况下，房款分两阶段支付的，付款的顺序为“定金—首付款—第二期房款”，房款分三阶段支付的，付款的顺序为“定金—首付款—第二期房款—尾款”。无银行贷款的付款方式下，各期款项都由买卖双方自行议定，不受银行信贷政策的制约。

在分阶段的付款方式中，买方支付各款项的时间节点一般如下：①定金一般在房地产买卖合同签订当日或约定日支付，约定日一般在房屋买卖合同备案之前；②首付款和第二期房款在买卖合同备案或贷款批准后，办理不动产转移登记手续前支付；③尾款在房屋交验完成或户口迁出后支付。具体何时付款，主要受制于买方风险控制的要求及卖方对资金的需求，房地产经纪人员要引导买卖双方在这两者之间做好平衡。

（三）现金支付与转账支付

1. 现金支付

指买方以现金支付购房款的形式。现金支付一般用于小额资金的结算，由于房地产交易资金金额往往较大，一般不推荐使用这种支付方式。以现金支付时，需要对方出具收款凭证。

2. 转账支付

指交易双方通过银行转账形式进行购房款支付的形式，在实际房屋买卖中，一般都以银行转账方式进行支付。完成转账的方法有很多，如网上银行办理、银行柜台办理、ATM 机转账、手机银行及支付宝、微信等虚拟账户转账。

通过转账支付房地产交易资金要注意以下几点：有些转账业务要支付手续费；个人账户与单位账户之间转账，要按照银行规定提供相应证明；办理转账时要核对账户信息，完成转账后要保留转账凭证。

根据住房城乡建设部、人民银行、银监会《关于规范购房融资和加强反洗钱工作的通知》（建房〔2017〕215 号）规定，房地产开发企业、房地产经纪机构应要求房屋交易当事人以银行转账方式支付购房款，并使用交易当事人的同名银行账户；发生退款的，应按原支付途径，将资金退回原付款人的银行账户。如确需使用现金支付的，当日现金交易单笔或者累计达到人民币 5 万元以上，应在交易发生之日起 5 个工作日内向中国反洗钱监测分析中心报送大额交易报告。

二、房地产交易资金交割方式

（一）房地产交易当事人自行交割

1. 自行交割的含义

房地产交易当事人自行交割是指买方将交易资金直接支付给卖方或转到其账户。如采用贷款支付部分房款的，金融机构在贷款发放后根据买方的授权，将贷款划转到卖方账户。

目前新建商品房买卖中，交易资金通常采用自行交割的方式。但由于期房建设中存在很多不确定性，为防止开发企业将预售资金挪作他用，有关主管部门会对商品房预售资金实行监管。房产开发企业须将预售资金存入银行专用监管账户，只能用作本项目建设，不得随意支取、使用。具体做法是，买方将应付房款存入房地产开发企业在银行开设的商品房预售资金监管专用账户，开发企业根据工程进度和实际需要提出资金使用申请，房地产管理部门根据实地勘察的工程进度，决定是否支付资金，直至商品房竣工验收取得商品房交付使用许可手续后，才可撤销监管。

存量房买卖中，由于产权转移复杂等原因，自行交割会存在较大的资金和权属风险，一般不推荐自行交割。实践中，如买卖双方坚持自行交割或者所在城市没有实行资金监管的，房地产经纪人员要告知买方交易资金交割中存在的风险。

在实行交易资金监管的城市，如买卖双方实行自行交割交易资金，登记部门一般要求买卖双方在办理房屋转移登记手续时，提交放弃资金监管声明或交易资金自行划转声明，声明交易过程中发生的资金及权属风险由交易双方自行承担。

2. 自行交割的优缺点

房地产交易资金自行交割的优点是：①操作简单。交易双方均同意即可完成，无须到相关部门办理繁琐的资料审核和审批手续；②交易周期短。由于不受部门审批、审核的限制，资金划转一般在很短的时间内就能完成，可以在短期内实现交易。

房地产交易资金自行交割的缺点是：在存量房交易中，对于买方而言，已交割资金的安全无任何保障及约束，风险较大。例如，房屋出现质量问题或无法过户时，卖方可能已将钱款挪作他用无法退还，甚至卷款逃跑等，买方利益受损，难以追偿损失，房地产经纪人员有义务将这些风险告知买方。

3. 自行交割适用的情形

交易资金自行交割适用于下列情形：

(1) 新建商品房买卖交易资金，以及定金、押金、租金等小额钱款的交割。

(2) 存量房买卖中，房屋产权清晰、不存在争议，无查封、征收、违法违章、抵押、租赁等情形，确保能顺利过户，且交易双方对自行交割无异议。

(3) 存量房买卖中，卖方为法人、其他组织，或交易双方彼此熟悉，对自行交割无异议。

(二) 通过第三方专用账户划转

通过第三方专用账户划转交易资金，是政府对存量房交易资金进行监管的重要途径，在实行存量房交易资金监管的城市才具有这种资金交割方式。具体是指买方通过政府部门、交易保证机构或房地产经纪机构在银行开设的监管专用账户划转交易资金。如交易成功，在产权转移手续完成后，交易资金从监管专用账户划转到卖方指定账户；如交易失败，交易资金将退还到买方账户。交易期间，任何个人和机构不得挪用交易资金。

1. 有关规定

以往的存量房买卖经纪业务中，由于买卖双方互不信任，一般通过房地产经纪机构账户代收代付交易资金。由于这些资金缺乏监管，出现了个别经纪机构卷款逃跑的恶性事件。为了保障存量房交易资金安全，2006 年原建设部和中国人民银行联合发布了《关于加强房地产经纪管理规范交易结算资金账户管理有关问题的通知》(建住房〔2006〕321 号)，规定建立存量房交易结算资金管理制度。按通知要求，交易当事人可以通过合同约定，由双方自行决定交易资金支付方式，也可以通过房地产经纪机构或交易保证机构在银行开设的客户交易结算资金专用存款账户（以下简称“监管专用账户”），根据合同约定条件划转交易资金。同时加强监管专用账户管理，房地产经纪机构、交易保证机构和房地产经纪人员不得通过监管专用账户以外的其他银行结算账户代收代付交易资金。

2. 监管模式

根据存量房交易资金监管的主体不同，目前主要有 3 种监管模式：

（1）政府监管。又分自愿监管和强制监管。自愿监管的如合肥和南昌，具体做法是由房地产行政主管部门设立存量房交易资金托管中心，实行自愿托管；强制监管的如天津、南京、苏州，具体做法是由房地产行政主管部门或其下设机构，在银行开设监管专用账户，专门用于存量房交易资金的存储或支付。

（2）商业银行监管。由房地产行政主管部门指定几家银行作为存量房交易资金的监管银行，买卖双方可以自愿选择一家作为监管银行，交易资金通过监管专用账户划转。采用这种模式的有广州、杭州、深圳、大连、重庆等。

（3）房地产经纪机构或交易保证机构监管。如北京，要求符合条件的房地产经纪机构或交易保证机构，在银行开设监管专用账户，交易资金可以通过该账户划转。

3. 交易资金监管的范围和期限

存量房交易资金监管的范围各地有所不同，有的城市要求比较严格，对定金、首付款、购房贷款、尾款等全部房款进行监管；有的城市规定房地产交易税费也予以监管，如天津；有的地方对定金、购房贷款等不予监管，如北京。房地产经纪人员要了解当地存量房交易资金监管的有关政策，协助买卖双方办理交易资金监管手续，通过第三方专用账户划转交易资金。

交易资金监管的期限为交易资金存入监管专用账户起至不动产权证书颁发止。

4. 交易资金监管的作用

通过交易资金监管专用账户划转交易资金，虽然手续复杂，但由于其实际上构建了房地产交易“一手交钱，一手交房”的模式，理顺了交易程序，从而能很好地保障交易资金安全，房地产经纪人员应推荐买卖双方采用这种交割方式。

交易资金监管具有以下积极作用：

（1）保障交易安全。交易资金监管可以保障卖方及时足额拿到房款，保障房屋顺利交付，有效地维护交易双方的合法权益。可以避免以下风险：一是避免买卖双方的不诚信给对方造成损失，即避免买方得到房地产后不履行支付房款的义务，卖方得到房款后不履行交房及配合办理产权转移手续的义务；二是避免经纪机构或其他代收代付机构将交易资金挪作他用。监管专用账户中资金的存储和划转都需要严格的审批手续，在不符合规定的情况下，严禁动用，可以有效防范经纪机构卷款逃跑等事件的发生。

（2）规范了交易流程。通过接受存量房交易资金监管，按照既定的公平、公正、公开的模式进行房产交易，让买卖双方不再纠结于先过户还是先给房款，使交易环节更加流畅，促进房地产交易达成。

（3）提高交易效率。实行存量房交易资金监管，银行可以凭存量房买卖合同直接审批贷款，而不必因担心产权转移不成而无法设定抵押，等到办理完产权转移手续后再办理，从而大幅缩短交易时间，提高交易效率。

（4）规范市场秩序。通过开展存量房交易资金监管，能有效减少市场交易过程中的资金纠纷，规范了市场秩序，促进房地产经纪机构提供安全、便捷、高效的居间服务，提升了消费者的置业信心，从而有利于促进房地产市场的健康、稳定、持续发展。

第三节　存量房交易资金交割的操作流程

在新建商品房销售代理业务中，一般由买方和房地产开发企业直接进行交易资金交割，房地产经纪机构不参与此过程，故本节主要介绍存量房交易资金结算的业务流程。

一、买卖双方自行交割房地产交易资金的流程

如买卖双方选择自行交割房地产交易资金，操作流程一般如下：

（1）买卖双方签订存量房买卖合同。

（2）买方按合同约定的时间和方式支付定金或首付款至卖方指定账户。

（3）如买方需要贷款，办理抵押贷款手续，银行批贷。

（4）买方或贷款银行支付全部或部分购房款给卖方。

（5）买卖双方办理缴税及不动产转移登记手续，买方取得不动产权证书。

（6）买方或贷款银行支付剩余购房款给卖方。

如买卖双方选择这种交割方式，房地产经纪人员需提醒其交易风险。如所在城市有关于强制资金监管的规定，还要请买卖双方签订放弃交易资金监管或交易资金自行划转声明。

二、通过第三方专用账户划转交易资金的一般流程

在实行交易资金监管的情况下，房地产经纪人员要熟练掌握资金划转的操作

流程，因监管的主体、资金监管的范围等不同，交易资金划转的流程可能会有一定差异，交易资金全额（包括银行贷款）监管的情况下，基本流程可概括为图6-1。

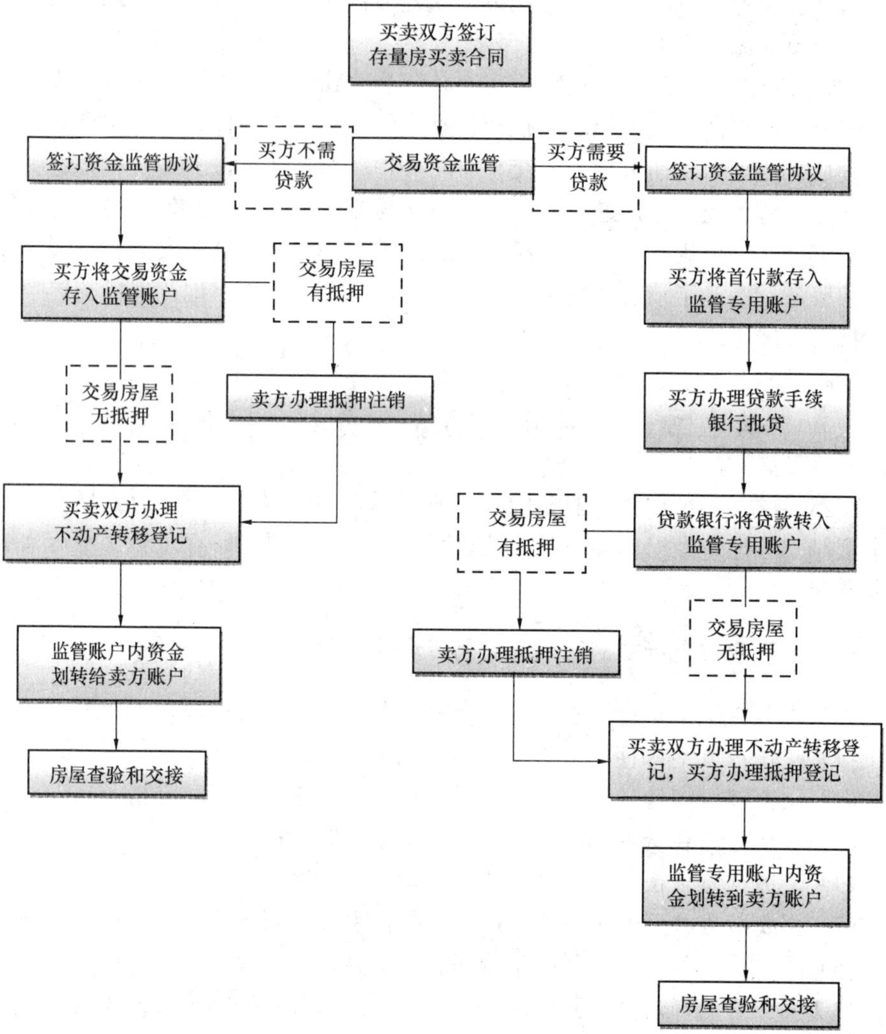

图6-1　存量房交易资金监管的基本流程

（一）买方不需贷款的情形

1．签订资金监管协议

交易双方持存量房买卖合同、房地产权属证书、本人身份证明，与交易保证机构（设立监管专用账户的政府部门或下设机构、房地产经纪机构、交易保证机构等）签订资金监管（划转）协议。

2. 买方将交易资金存入监管账户

买方按照资金监管协议约定，将交易资金一次性或分期存入监管专用账户。交易保证机构为买方出具交易资金监管凭证。

3. 办理不动产转移登记

交易双方持资金监管协议、交易资金监管凭证、不动产转移登记所需材料申请办理不动产转移登记。

如交易房屋已经设定抵押，卖方要先行办理抵押注销手续才能申请办理不动产转移登记。办理抵押注销手续时，如需使用全部或部分交易资金，则需买卖双方及交易保证机构均同意。

4. 划转交易资金

转移登记手续办理完毕，登记部门向买方发放新的不动产权证书，向卖方出具转移登记办结单。卖方按照资金监管协议约定，持办结单到保证机构办理资金划转手续。保证机构向卖方及银行出具交易结算资金支取凭证，并通知银行将监管专用账户中相应的交易资金划转给卖方，交易完成。

（二）买方需要贷款的情形

在买方需要贷款的情况下，要增加买方申请贷款、银行批贷等手续。具体如下：

1. 签订资金监管协议

交易双方持存量房买卖合同、房地产权属证书、本人身份证明，与交易保证机构（设立监管专用账户的政府部门或下设机构、房地产经纪机构、交易保证机构等）签订资金监管（划转）协议。

2. 买方将首付款存入监管专用账户

买方将购房首付资金一次性或分期存入监管专用账户。交易保证机构为买方出具交易资金监管凭证。

3. 买方办理抵押贷款

买方或保证机构持相关材料向贷款银行办理抵押贷款业务，并委托银行将贷款资金划至监管专用账户。贷款银行对买方的资信状况审核合格后，对交易房屋进行评估，确定贷款额度，出具批贷证明。

4. 贷款银行将贷款转入监管专用账户

贷款银行与买方签订借款合同、抵押合同，将贷款资金存入监管专用账户。

5. 办理不动产转移登记和抵押登记

交易双方持资金监管协议、交易资金监管凭证、不动产转移登记、抵押登记所需材料申请办理不动产转移登记和抵押登记。

如交易房屋已经设定抵押，卖方要先行办理抵押注销手续。

6. 划转交易资金

转移登记和抵押登记手续办理完毕，将相应的交易资金划转给卖方，交易完成。

有的城市不要求银行贷款资金监管，上述流程有所差异。例如，北京在交易资金结算时，银行不提前放款，而是在交易双方办理完不动产转移登记和抵押登记手续后，贷款银行将贷款资金直接划转给卖方。

三、通过第三方专用账户划转交易资金的注意事项

（一）交易失败的处理方式

因所交易房屋不具备转移登记条件、买卖双方约定终止交易、买方或卖方单方面违约等情况导致存量房买卖合同无法履行的，买卖双方、保证机构可根据相关条款约定解除资金监管协议。保证机构向双方当事人及银行出具交易结算资金支取凭证，并通知银行将监管专用账户相应的交易结算资金根据监管协议约定划转给双方当事人。

（二）房地产经纪人员操作规范

房地产交易资金结算阶段，房地产经纪人员要做到以下几点：

（1）提醒买卖双方进行交易资金监管，并告知资金监管的范围、基本流程和要求。

（2）不擅自划转客户交易结算资金。

（3）核对买卖双方收付款的姓名及账号，确保无误，否则可能导致无法办理转款手续。

（4）提醒买卖双方收付款账户要求。提醒卖方要妥善保管账户存折、银行卡，密码不可外泄。

（5）向买卖双方解释资金监管协议的内容及其他相关事项。

（6）提前提醒需要贷款的买方准备好贷款相关资料，到银行申请贷款。

（7）提前提醒买方当前可申请的贷款金额、年限及利率与个人信用有关，最终以银行批复的结果为准。

（8）不得以任何名义擅自收取交易资金监管手续费用。

复习思考题

1. 房地产交易涉及的钱款有哪些？各有什么作用？
2. 定金和订金有什么区别？
3. 房地产交易资金有哪些支付方式？
4. 房地产交易资金有哪些交割方式？
5. 存量房交易资金监管有哪些模式？
6. 存量房交易资金监管的作用是什么？
7. 存量房交易资金监管的操作流程是怎样的？
8. 通过第三方专用账户划转交易资金要注意哪些事项？

第七章　房屋查验和交接

房屋查验和交接简称房屋交验，一般在办理完不动产转移登记手续后进行，房屋交验是否顺利，可能影响交易的成败，房地产经纪人员应认真对待并掌握相关技能。房屋交验的主要任务是明确查验和交接事项，协调处理好交易双方可能出现的分歧和问题，协助交易双方顺利完成交接并签字确认，直至买方或承租方拿到房屋钥匙。房屋交验的重点是查验房屋是否存在影响日后使用的各种瑕疵，结算相关费用，保证房屋的顺利交接。

第一节　存量房查验和交接

存量房与新建商品房不同，由于已经使用多年，房屋的自然损耗、人为损坏以及意外灾害等，都可能使房屋的完好程度下降。存量房交易时绝大多数房屋都超过了保修期，如果某些问题查验时未被发现，会增加今后的使用和维护成本。存量房买卖和租赁业务中房屋的查验和交接工作内容大多雷同，但侧重点有所不同，存量房租赁中一般都包含家具电器，要重点检查室内设施设备的功能和使用情况，下面将分别进行介绍。

一、前期准备

（一）存量房买卖查验的前期准备

1. 卖方需要准备的资料。包括身份证明、合同约定转移的各种设施设备使用说明、各项交费凭证、物业服务合同和管理规约、钥匙等。如果在办理房屋过户手续前查验房屋的，要提醒卖方携带房地产权属证书。

2. 买方需要准备的资料。包括身份证明、购房合同、房地产权属证书以及需要支付的款项等。

3. 房地产经纪人员需要准备的资料。包括准备好各种验房工具及房屋状况说明书、房屋交接单等。

（二）存量房租赁查验的前期准备

1. 出租方要准备的资料。包括身份证明、房地产权属证书或相关证明材料、室内家具电器及相关设备的说明书、各项交费凭证、钥匙等，如果是转租的房屋还要有转租的合同。

2. 承租方要准备的资料。包括身份证明、租赁合同、需要支付的款项等。

3. 房地产经纪人员要准备的资料。包括各种验房工具及房屋状况说明书、房屋交接单。

二、检查资料

（一）存量房买卖需要检查的资料

为了维护当事人的合法权益，房地产经纪人员要根据有关规定，检查交易双方提供的资料是否齐全、真实和有无瑕疵。检查没有问题后，对各种费用的缴纳情况和单据进行分类整理，弄清哪些费用是需要提前结清的，有没有结清；哪些是预付费用，是否有余款，是否需要交割资金；哪些需要更名过户的，是否达到过户的条件。

（二）存量房租赁需要检查的资料

房屋租赁交接不涉及专项维修资金更名过户问题，重点检查各类证件的真实性，及对各类设备的说明书、交费单据进行分类整理，以便引导租赁双方有序交接。

三、实地查验

（一）存量房买卖查验

存量房买卖的交验阶段，房地产经纪人员主要协助买方检查房屋是否存在买方未知悉的问题，以及设施设备、家具、家电等是否与合同中约定随房屋一同转移的动产相符。

1. 检查房屋结构

存量房的结构部分可能出现的问题主要有：由于建筑物不均匀沉降、使用中荷载超出允许范围以及钢筋锈蚀等原因，造成墙体、梁和柱等结构部分出现裂缝，查验时应特别关注。

2. 查验装修和设备

通常装修的折旧年限是五年，所以房龄稍长的房屋装修均已陈旧。但装修查验的重点并不是新旧程度，而是通过装修的表面变化发现更严重的问题。如果临近卫生间墙体表面泛碱，可能卫生间的水管漏水；如果卫生间的顶棚有水渍，说明上层的卫生间防水已破坏。另外，卫生间和厨房的上水阀门是否灵活，排水管道是否通畅也是重点查验的对象。

3. 查看计量表

查验时要注意户内各种计量表是否能够正常使用，并记录读数。如果燃气管道有改动，要让卖方提供改装许可证。

4. 检查家具家电

存量房交接的物品有时还包括家具、家电等动产，应按照交易合同一一查验，并登记造册。主要查验家具、家电的数量、品牌是否与合同约定一致，相应的说明书、遥控器等物品是否齐备。

（二）存量房租赁查验

存量房租赁，主要查验屋内设施设备、家具、家电的使用状况是否良好，记录各类计量表的读数。

1. 检查设施设备

主要检查上下水、电路、有线电视、网络设备、卫生洁具等是否能正常使用。

2. 检查家具、家电

主要检查家具、家电是否能正常使用，外观是否完好，记录家具、家电的品牌和尺寸，所有电器设备要一一试用，检查是否有损坏。

3. 记录计量表读数

记录水、电、燃气等各类计量表的读数，以便交接相关费用。

房地产经纪人员要根据现场查看情况，边查边记录下房屋及各项设施设备的基本状况，并填写房屋交接单。

四、办理交接手续

这里所说的办理交接手续是指验房发现问题的解决、相关费用结算、设施设备使用人变更和签署房屋交接单。对于租赁的房屋要注意，不能只交钥匙不签订房屋交接单，否则承租人可能不承认已交接而拒交租金。

（一）验房发现问题的解决

买方或承租方在房屋验收时发现问题，应与卖方或出租方交涉。如果发现的某些瑕疵在房屋出售信息、房屋状况说明书、交易合同中已经载明，买方或承租方早已知悉，且与查验时情况相符，如交易合同有约定，按约定处理，如没有约定，则应由买方或承租方自行解决；如果发现存在的问题与房屋出售信息或《房屋状况说明书》所载明的有所不同，或是新出现的问题，房地产经纪人员要引导和协助交易双方商议确定解决方案。

（二）费用结算

应结算的费用主要有：水费、电费、燃气费、供暖费、电话费、有线电视费、网络费、物业服务费、专项维修资金等。

（1）后付费项目结算。有些能源和服务费是用后交费，房屋交接日由卖方或出租方按表据实结算，只要以往不欠费即可办理交接手续。

（2）预付费项目结算。有些专营服务是先付费后消费，因此这类服务项目卖方不可能欠费，只是在办理手续时对照计量表的读数交易双方按照单价计算结清即可。有些必须预交的费用，在使用期未满就进行房屋交接，买方或承租方应将卖方或出租方多交的费用退还。通常维修资金和暖气费都是预交，其余的费用中哪些费用属于后交费哪些属于预交费，要据设备本身需要和当地政策的具体情况而定。

现在通常可能欠费的项目是物业服务费，房地产经纪人员需要调查清楚。有的城市已经作出规定，不补齐物业服务费不予办理产权过户手续。政府相关管理部门负责把关的，房地产经纪人员只需按照管理规定程序和要件办事，就可以保证双方的权益。在没有管理部门把关的城市，经纪人员应尽职调查，引导双方结清费用、互不相欠后再办理过户和交接手续。

有些问题可能在当时解决不了，经纪人员则可以协助双方协商一个解决问题方案，经双方签字确认留待日后解决。

（三）相关信息变更

由于许多设施设备的使用都与使用者的个人信息相关联，办理交接手续时，应要求卖方助办理相应的信息变更手续，将使用人的姓名由卖方改为买方。房地产经纪人员要弄清当地各项设施设备的使用规定，并弄清需办理信息变更的项目，一般来说，必须要更名的项目包括有线电视、电话、宽带、水、电、煤气等的缴费卡。

对于有专项维修资金的房屋，房屋买卖时也要做好交接。按照相关规定，房屋买卖时，专项维修资金账户中的余额是不予退还的。对于这部分余额，要根据买卖合同的约定处理。

此外，买卖双方还需要到物业服务办公室办理物业服务合同和管理规约的变更手续。

（四）签署房屋交接单

在以上程序完成、相关问题得到解决以后，可以交付和接收钥匙并签署房屋交接单。房屋交接单，有时也称房屋确认书或房屋确认表。这一环节非常重要，签署房屋交接单后说明房屋已经转移占有。房屋出租的交接单，因为不涉及产权转移，不涉及配套设施设备所有者的信息变更，因此比房屋买卖交接单简单，房屋买卖和租赁交接单样表见表 7-1、表 7-2。房地产经纪人员可以根据实际状况和需要的内容进行添加或删减。

房屋交接单样表（买卖）　　　　**表 7-1**

房屋坐落								
房屋瑕疵及解决方案								
结构								
装修								
设备								
其他								
解决方案								
交接的家具、电器清单								
名称	数量	品牌/型号	名称	数量	品牌/型号	名称	数量	品牌/型号
双人床			餐桌			电视		
单人床			椅子			洗衣机		
衣柜			沙发			冰箱		
床头柜			茶几			排油烟机		
书柜			电视柜			燃气灶		
梳妆台						电话机		
写字台						热水器		
						空调		
需要补充的其他信息								
交接的房屋使用配套物品								
钥匙	房屋入户门/单元门/小区门/信箱/其他							
IC 卡	水/电/燃气/其他							
使用凭证和交费凭证	有线电视/电话/网络/水/供暖/燃气/物业管理/维修资金							
有关文件和合同	供暖合同/物业管理合同							
其他物品								

续表

房屋的债权债务信息							
费用	价格	预付余额	欠费额	费用	价格	预付余额	欠费额
水费				电费			
燃气费				固定电话费			
物业服务费				供暖费			
有线电视费				互联网费			
公共维修基金							
需要补充的其他信息							
交割金额							
________于______年____月____日，向_______________支付费用______元。							
交接人签字							
卖方		日期					
买方		日期					
房地产经纪人员		日期					

房屋交接单样表（租赁） **表 7-2**

房屋坐落				
配套设施设备				
供水	自来水/纯净水/热水/ 中水		供电	220V/380V
外供暖气	汽暖/水暖		供燃气	天然气/煤气
自备采暖	电暖/燃气采暖/燃煤采暖		供暖周期	
太阳能集热器	有/无	空调	中央空调/自装柜机台/自装挂机台	
电视	无线/有线（数字、模拟）		互联网接入方式	拨号/宽带/ADSL
电话	外线号码：		内线号码：	
需要补充的其他信息				

续表

交接的家具、电器清单								
名称	数量	品牌/型号	名称	数量	品牌/型号	名称	数量	品牌/型号
双人床			餐桌			电视		
单人床			椅子			洗衣机		
衣柜			沙发			冰箱		
床头柜			茶几			排油烟机		
书柜			电视柜			燃气灶		
梳妆台						电话机		
写字台						热水器		
						空调		
需要补充的其他信息								

交接的房屋使用配套物品	
钥匙	房屋入户门/单元门/小区门/信箱/其他
IC 卡	水/电/燃气/其他
使用凭证和交费凭证	有线电视/电话/网络/水/供暖/燃气
其他物品	

房屋的债权债务信息							
费用	价格	预付余额	欠费额	费用	价格	预付余额	欠费额
水费				电费			
燃气费				固定电话费			
物业服务费				供暖费			
有线电视费				互联网费			
需要补充的其他信息							

交割金额
____________于______年____月____日，向_________________支付费用__________元。

交接人签字			
出租人		日期	
承租人		日期	
房地产经纪人员		日期	

第二节　新建商品房查验和交接

根据相关法律法规规定，新建商品房交付使用应符合一定的前提条件，《中华人民共和国城市房地产管理法》第二十六条规定，房地产开发项目设计、施工，必须符合国家有关标准和规范。房地产开发项目竣工，验收合格后方可交付使用。

商品房交付的一般程序为：①商品房竣工验收合格后，开发企业向购房者发出交房通知书，通知书中包括交房时间、需要交纳的费用、不按时收房的责任等内容。②购房者按照商品房买卖合同约定支付相应的房屋价款、物业费、公共维修资金等费用。③购房者按照交房通知书约定的时间验收房屋，验收合格的，领取钥匙、签署交接单；验收发现问题的，向物业服务企业反馈意见，物业确认后，由开发企业解决相关问题，并再次发出交房通知书，购房者再次验收房屋，没有问题后领取钥匙、签署交接单。

一、前期准备

新建商品房交验时交易双方都应备齐购房有关材料，开发企业应准备好住宅质量保证书、住宅使用说明书、建设工程竣工验收备案证明等。买受人应带好身份证明、前期物业管理合同、临时管理规约和书面交房通知。除此之外，房地产经纪人员还应准备好有关验房工具及查验和交接房屋时必需的表格、单据或文本。主要有查验记录表、空白的查验报告书、必要事项告知单、房屋交接表或交接确认书等。

二、检查资料

（一）开发企业提供的资料

1. 住宅质量保证书

《住宅质量保证书》是开发建设单位对商品住宅承担质量责任的法律文件。房地产开发建设单位将新建成的房屋出售给买受人时，针对房屋质量向购买者做出承诺保证的书面文件，具有法律效力。开发建设单位应依据《住宅质量保证书》上约定的房屋质量标准承担维修、补修的责任。鉴于房屋的特殊属性，为了维护购房者的合法权益，国家对住宅质量进行了专项规定，要求开发建设单位建造的房屋必须达到一定的质量标准，并要求其承担一定期限的保修责任。房地产经纪人员查验资料时，应注意各个部位质量标准以便查验时核对。

通常房屋保修的事项由开发建设单位亲自负责维修和处理。如果开发建设单位委托物业服务企业或其他单位负责保修事宜的，必须在《住宅质量保证书》中对所委托的单位予以明示，保证购房者权益获得切实保护。房地产经纪人员应注意查阅有关文件，并将主要内容告知委托人。

2. 住宅使用说明书

《住宅使用说明书》是指开发建设单位在交付住宅时提供给用户的，告知住宅合理、安全、方便使用及相关事项的文本。房地产经纪人员应根据《住宅使用说明书》的提示，向买受人进行解释并说明使用注意事项。

3. 建设工程竣工验收备案证明

合格的商品房应在住房城乡建设行政主管部门或者其他有关主管部门备案。只有具备建设工程竣工验收备案证明的住宅项目才可以入住。房地产经纪人员应查验开发建设单位的建设工程竣工验收备案证明。

（二）买受人提供的资料

有些凭证在购房时开发企业已经交给买受人，在交接时需要凭此办理有关手续。买受人需要提供的资料与房地产开发企业的要求有关，但一般要求提供以下文件：

1. 商品房买卖合同

商品房买卖合同中不仅包括商品房的基本状况，还包括供水、供电、供热、燃气、通信、道路、绿化等配套基础设施和公共设施的交付承诺、有关权益、责任以及公共配套建筑的产权归属。这些都是房地产经纪人员查验和交接时需关注的重点，必须认真逐一查验。

2. 前期物业管理合同

前期物业管理合同是房地产开发建设单位和物业服务企业就前期物业管理阶段双方的权利义务所达成的协议，是物业服务企业被授权开展物业管理的依据。前期物业管理的节点是业主大会成立之前。许多小区在业主入住多年之后才成立业主大会，在此之前，前期物业管理活动当事人通过合同明确各自的权利与义务，可以减少物业管理纠纷。签署购房合同时，开发建设单位应将前期物业管理合同展示给买受人（给买受人一份复印件）并要求买受人在合同的确认书上签字。买受人入住时，应凭此合同与物业服务企业商洽，确认日后有关共有设施设备和共有部位使用过程中的权利义务。

3. 业主临时管理规约

业主临时管理规约是由开发建设单位制定，买受人签字确认，规范区分所有建筑物或建筑区划内业主权利、义务、责任的法律文件。为了让买受人明晰自己的权利义务，《物业管理条例》规定："建设单位应当在房地产销售前将临时管理规约向房地产买受人明示，并予以说明。"

房地产买受人在与开发建设单位签订房地产买卖合同时，应当对遵守临时管理规约予以书面承诺。签署购房合同时，买受人应对《临时管理规约》签字确认。《临时管理规约》对全体业主具有约束力，因此入住时应持有此文件。

4. 书面交房通知

按照《最高人民法院关于审理商品房买卖合同纠纷案件适用法律若干问题的解释》的规定，"房屋的转移占有，视为房屋的交付使用"。通常是房地产开发建设单位在取得《建设工程竣工验收备案证明》后，向买受人发放商品房书面《交房通知》。买受人凭此通知办理验房和收房手续，必须携带。

三、实地查验

（一）环境查验

商品房的环境分为小区的周边环境和小区内的环境，包括交通、购物、教育、景观、绿化、基础设施和配套设施等。房地产经纪人员在现场查验时，主要应对照开发建设单位销售时的承诺，将所发现的问题记录在查验报告中并及时提醒买受人与房地产开发企业交涉。

（二）户外查验

户外部分属于业主共有财产，应由物业服务企业负责查验。但由于有些户外状况直接影响房屋使用，房地产经纪人员也要重点关注。户外检查主要包括：建筑物外饰面、入户门、采光情况等。

1. 建筑物外饰面查看

现在的建筑物外墙通常有装饰面，其材料有的是瓷砖、陶瓷锦砖、石材以及外檐涂料等。这些部位看似只起美观和对墙体的保护作用，与房屋使用功能无关。但如果出现裂缝，雨水渗入，则可造成室内墙体常年潮湿甚至发霉。若在北方，问题更加严重，渗入的水遇冷结冰，冻融次数增多，体积发生变化，最终可能导致外饰面脱落。因此查验时必须注意观察外墙是否有裂缝，较低楼层可在楼下用望远镜观察；较高楼层可在阳台上观察。

2. 电梯查看

电梯属于特种设备，国家有专门负责检验的部门，商品房投入使用前电梯必须由其检查验收方可使用。房地产经纪人员查验时，应该注意查阅相关文件并注意电梯轿厢内是否有检查合格的标志。

3. 入户门查验

现在商品房的入户门大多是防盗门，入户门是商品房专有部位和共有部位的分界线。入户门查验主要关注其使用功能和外观，可对照说明书检查实物与说明书是否相符，合页、门锁以及对讲设备的功能是否正常，外观是否洁净、平整、光滑，有无划痕和碰伤等。

4. 采光情况查看

检查房屋的窗前有无遮挡物影响室内采光。对于楼层较低的房间更要注意，如果与承诺不符，应提醒买受人并在报告中指出，供其参考。

5. 景观情况查看

从窗户远眺，检查窗外是否有垃圾场站、公共厕所等嫌恶设施或墓地等不好的景观，如果发现存在这种情况，要提醒买受人与开发企业交涉。

（三）户内查验

户内查验是房屋查验的重点，包括空间大小、结构、装修和设备等。

1. 面积查验

面积包括建筑面积、使用面积、套内建筑面积、公摊面积等，比较容易测量的是套内建筑面积。先测量使用面积，可用激光测距仪测量并自动计算每个房间的使用面积，然后相加求出总使用面积。然后测量套内墙体面积，可以通过用厚度测量仪测量厚度，用激光测距仪测量长度，然后相乘求出。最后测量阳台面积，封闭阳台算全部面积，非封闭阳台算一半面积。将以上三项相加可得出套内建筑面积。如果估算的面积与合同约定面积差异较大，可以建议买受人找专业的测量机构重测面积。

2. 高度查验

要核实层高和净高。净高容易测量，用激光测距仪可以直接测得。层高的测量比较麻烦，按照《住宅设计规范》规定，层高是上下两层楼面或楼面与地面之间的垂直距离。层高实际上等于净高加上楼板厚度，由于中间夹着楼板，无法直接测得。楼板厚度可用厚度测量仪测出，再加上净高即可得出层高。

3. 结构检查

主要检查结构构件有无裂缝，需要检查的部位主要有：梁、板、柱、墙等。如果在某个部位发现有裂缝，先要检查是装饰装修表面裂痕，还是混凝土本身的裂缝。查验时重点关注是否有混凝土裂缝，这种裂缝宽度只要超过 0.05 毫米就可以用肉眼看到，宽度的大小可用裂缝刻度放大镜、裂缝对比卡、塞尺和裂缝宽度测试仪等进行测量。裂缝深度可用超声法检测，长度可用各种尺测量。查验报告应包括裂缝的位置、形式、长度、宽度、深度和数量等情况，也可以拍照留存。

4. 装饰装修情况检查

装修是建筑物的三大组成部分之一，除了大家所理解的装潢和装饰之外，还应包括门窗扇。现在出售的商品房有毛坯房和装修房两种，装修房的装修程度和档次有很大差别，主要根据购房时开发建设单位承诺进行验收。

商品住宅装修一次到位的住宅简称全装修住宅，是指房屋交钥匙前，所有功能空间固定面全部铺装或粉刷完成，厨房和卫生间基本设备全部安装完成。这种住宅可以避免二次装修造成的破坏结构、浪费和扰民等现象。这是房地产市场发展的必然趋势，但在目前还未能实现。

(1) 装修最低标准

装修是建筑物组成部分之一，建筑物不能完全没有装修。即使是毛坯房也要有装修最低要求。查验时要注意房屋全部外饰面（包括阳台、雨罩），应按设计文件要求完成装修工程。

房间内采用预制楼板或现浇板顶棚的，顶棚和墙面应使用腻子找平，达到板缝密实、无裂缝，接搓平顺无错台，表面平整、线角顺直；各房间的基层地面混凝土，应做到表面平整、压实，达到粘结牢固不起鼓、无裂缝。按照《建筑装饰装修工程施工质量验收规范》4.2.11 的要求，普通抹灰立面垂直度、表面平整度和阴阳角方正度都应在 4mm 以下。查验时可用 2m 垂直测尺检查垂直度；用直尺或靠尺以及塞尺检查表面平整度。

(2) 约定的装修标准

房地产市场上出售的商品房许多都带有装修，而且装修的程度和规格各异。按照房地产市场上习惯说法，装修大致可为分简装、精装、豪华装。这几种装修之间并无严格界限，买方必须在购房时与开发企业约定清楚，应包括各个部位装修材料的品牌、颜色、规格、价位和施工工艺等。

①简装房。按照常规，简装房的厨房和卫生间应进行最基本的装修，配置最基础的设备，其他房间的地面、墙面和顶棚顶面可有简单造型或平顶，房间内配置了室内门和简单的灯具，地面铺装普通抛光砖或瓷砖。无论哪种规格的装修，都要镶面砖。对于镶帖工程，《建筑装饰装修工程施工质量验收规范》有具体的质量要求。镶帖必须牢固、表面平整、接缝平齐光滑，缝宽均匀一致，无空鼓。饰面砖镶帖的允许偏差和检验方法应符合表 7-3 的规定。

饰面砖镶帖的允许偏差和检验方法　　**表 7-3**

项　目	允许偏差（mm）	查验方法
立面垂直度	2	2m 垂直检验尺查验

续表

项　目	允许偏差（mm）	查验方法
表面平整度	3	2m直尺和塞尺查验
阴阳角方正	3	直角检验尺查验
接缝直线度	2	5m线结合直尺查验
接缝高低差	0.5	直尺和塞尺查验
接缝宽度	1	直尺查验

②精装房。精装房所有房间的固定面应全部铺装或粉刷，厨房和卫生间的设备全部安装完成，橱柜采用工厂生产的标准化橱柜；各房间顶面有一定的造型，装修材料材质细腻环保，地面采用品牌玻化砖、仿古砖或石材等中高档材料；室内墙面采用高级壁纸或高级乳胶漆；室内地面采用高档地砖或复合地板；室内天花板用石膏板吊顶、高级乳胶漆；户内窗采用优质断桥隔热铝合金、中空玻璃；窗台采用大理石台面；内门至少用高级空心压缩门、配高级五金件插座。

③豪华装修房。豪华装修的房屋较精装房档次更高一些。精装房突出的是“精”字，主要表现在施工工艺更加细腻。而豪华装主要体现采用的装修材料更加高档，一般要用知名品牌。所以查验豪华装的房屋，要注意装修材料的品牌是否与开发企业承诺一致 ，如果可能还要辨别一下材料的真伪。

窗扇和门扇也属于装修。商品房都有窗户，入户门都是防盗门，门框和门扇齐全。而室内门不尽相同，门的质量和材料差别很大，有金属门、塑料门和木门。毛坯房没有室内门门扇，但有入户门，简装房、精装房和豪华装房门的差别主要是材料和样式。

5. 设施设备状况检查

（1）给水排水。一般给水是从计量表起，排水是从横管起以下部分，如果需要排除问题应该做通球试验。给排水主要查看管材是否有产品合格证书，设备每个节门是否开关正常，另外还要注意计量表读数，记载下来以便与开发企业结算水费。

（2）采暖。如果是在采暖期，设备的查验比较简单，主要看是否有跑冒滴漏，温度是否达标等。不在采暖期时，要查横竖管道的倾斜是否在允许值范围之内。散热器组对平直紧密，根据片数的多少允许偏差不同，一般在4～6mm之间。散热器支架和托架的安装位置准确，埋设牢固。散热器垂直度用吊线和尺量，允许偏差值3mm之内。

（3）卫生间设备。卫生洁具品牌是否与开发企业承诺的一致，进水管和排水管的连接是否严密不渗漏。

（4）防水。有防水要求的房间，地面应符合防水层、保护层的要求，做到无渗漏，在查验时应进行闭水试验。如果该查验对象竣工验收时已经通过了闭水实验，则只要看实验记录或相关证明材料即可。

（5）电器设备。对于电器设备都有验收标准，可对照逐一查验也可以查验竣工验收记录。另外，还要测试各电器主要功能并记载电表读数。

（6）燃气。燃气设备比较特殊，没有专业资质的单位不能随便触动相关设施设备，所以只查验有关文件即可。对于精装修房和豪华装修房，注意看一下燃气表以下的管道和灶具是否与售房时承诺一致，以及燃气灶开关是否灵活。

（四）附带动产查验

有些“拎包入住”的商品房，带有电器、家具和其他用品等动产，也在查验范围之内。查验时，应根据事先的约定查验其数量、质量、品牌等。

可将上述查验情况记录在册，如表 7-4 所示。

新建商品房验收记录表　　**表 7-4**

房屋坐落			
资料检查			
开发企业提供		买受人提供	
住宅质量保证书	有/无，原因：	商品房买卖合同	有/无，原因：
住宅使用说明书	有/无，原因：	前期物业管理合同	有/无，原因：
建设工程竣工验收备案证明	有/无，原因：	业主临时管理规约	有/无，原因：
		书面交房通知	有/无，原因：
环境查验			
交通是否符合销售承诺	是/否，存在问题：		
配套设施是否符合销售承诺	是/否，存在问题：		
绿化是否符合销售承诺	是/否，存在问题：		
有无其他问题			
户外查验			
建筑物外饰面	裂缝：有/无 ；饰面脱落现象：有/无 ；其他问题：		
电梯	品牌是否符合约定：是/否；是否有合格标志：是/否； 其他问题：		

续表

<table>
<tr><td>入户门</td><td colspan="3">品牌是否符合约定：是/否；
实物是否与说明书相符：是/否；
功能和外观有无问题：无/有，存在问题：</td></tr>
<tr><td>采光情况</td><td colspan="3">是否有遮挡：是/否；采光市场是否符合约定：是/否</td></tr>
<tr><td>景观情况</td><td colspan="3">是否有嫌恶设施：否/是，存在以下嫌恶设施：</td></tr>
<tr><td>有无其他问题</td><td colspan="3"></td></tr>
<tr><td colspan="4">户内查验</td></tr>
<tr><td>面积</td><td colspan="3">实测使用面积：　　平方米；套内墙体面积：　　平方米；
阳台面积：　　　平方米；套内建筑面积：　　平方米；
是否与合同约定一致：是/否，差异约：　平方米</td></tr>
<tr><td>高度</td><td colspan="3">室内净高约　　米；层高约　　　米；是否与合同约定一致：是/否，差异约：　米</td></tr>
<tr><td>结构</td><td colspan="3">梁、板、柱、墙等部位是否存在裂缝：否/是，共　　处。
裂缝位置：　　　　　　　裂缝形式：
裂缝长度：　　　　　　　裂缝深度：</td></tr>
<tr><td rowspan="9">装饰装修</td><td>毛坯房</td><td colspan="2">是否达到最低装修标准：是/否，存在问题：</td></tr>
<tr><td rowspan="8">装修房是否与合同约定一致</td><td>地面</td><td>是/否，存在问题：</td></tr>
<tr><td>墙面</td><td>是/否，存在问题：</td></tr>
<tr><td>顶棚</td><td>是/否，存在问题：</td></tr>
<tr><td>门</td><td>是/否，存在问题：</td></tr>
<tr><td>窗</td><td>是/否，存在问题：</td></tr>
<tr><td>灯具</td><td>是/否，存在问题：</td></tr>
<tr><td>家具</td><td>是/否，存在问题：</td></tr>
<tr><td>其他问题</td><td></td></tr>
<tr><td rowspan="3">设施设备</td><td>给排水</td><td colspan="2">节门是否正常：是/否，位置：
是否通畅：是/否，位置：</td></tr>
<tr><td rowspan="2">采暖</td><td>采暖季</td><td>室内温度是否达标：
是否有不热部位：否/是：位置：
是否有漏水：否/是，位置：
散热器是否牢固：是/否</td></tr>
<tr><td>非采暖季</td><td>散热器是否牢固：是/否
散热器外观是否有问题：是/否</td></tr>
</table>

续表

<table>
<tr><td rowspan="4">设施设备</td><td>卫生间设备</td><td colspan="2">卫生洁具：
水管连接：</td></tr>
<tr><td>防水</td><td colspan="2">有无闭水试验记录：有/无</td></tr>
<tr><td>电器设备</td><td colspan="2">是否有验收记录：有/无
电器功能是否良好：是/否，存在问题：</td></tr>
<tr><td>燃气</td><td colspan="2">是否有相关文件：有/无
燃气灶功能是否良好：是/否</td></tr>
<tr><td>计量表读数</td><td colspan="3">水：　　电：　　燃气：</td></tr>
<tr><td>需要补充的其他信息</td><td colspan="3"></td></tr>
<tr><td>存在问题
汇总</td><td colspan="3"></td></tr>
<tr><td colspan="4">签章</td></tr>
<tr><td>买受人</td><td></td><td>日期</td><td></td></tr>
<tr><td>物业服务企业</td><td></td><td>日期</td><td></td></tr>
<tr><td>查验人</td><td></td><td>日期</td><td></td></tr>
</table>

四、办理交接手续

（一）查验问题的整理和处理

根据查验记录将存在的问题整理形成书面材料，其中包括房屋质量现状、存在的问题以及解决问题的方案。如果物业服务企业认可，应要求其签字盖章。

（二）办理有关设施使用手续及交费

商品房入住时，必须先办理各种设施设备启用手续并缴纳各种费用。全国各地办事程序和所交费用多有不同，这里不能一一介绍，只讲最常见的一些情况。各种计量表的开户，有可能还要涉及一些费用，有的是由开发企业缴纳，有的则是买受人缴纳，主要看购房时的约定。另外，提醒注意一下水、电、燃气和暖气表读数，如果大于零，则说明建房或试运行时使用了各种能源，查验时应记载下来，并与开发企业交涉和结算。

1. 水

城市用水费用的收缴标准根据用途不同而各异，大致可分为居民生活用水、行政事业用水、工业用水、经营服务用水和特种用水等，有的城市比较简单只有工业用水和民用水两种。住宅应按居民用水缴费，但有时开发企业立项时手续有问题，造成买受人须按工业用水缴费。针对这种情况，房地产经纪人员必须与开发企业交涉，保证买受人的权益。

房屋买受人入住时，通常是预交一部分水费，待预交水费用完后按常规继续缴纳。

2. 电

为了节约用电，电费的收缴现在各地区采用了不同的标准。有些项目由于开发前期存在某些问题，所以居民入住后一直按商业用电或临时用电缴费，引起许多纠纷。因此查验时，一定与开发企业就此问题形成书面约定。

3. 燃气

通常交验时办理好开户手续，费用以后由燃气部门收缴。

4. 供暖

应与供热部门签署供热服务合同，一般预交一年供热费。

5. 电话

如果需要安装固定电话，可与通信部门签署安装合同，初装费一般由买受人缴纳。

6. 网络

现在互联网使用比较普及，而且有些小区多家网络供应商竞争，可以提醒买受人进行比选。

7. 有线电视

有线电视可通过光纤或宽带同轴电缆将多个频道的视频信号传送到各个家庭，如拟使用，可与相关公司签约启用。

8. 车位

车位分配形式不尽相同，房屋交验时要与开发企业协商签约，免得日后麻烦。

9. 专项维修资金

有的地区专项维修资金完全由买受人缴纳，有的地区则由开发企业和买受人共同缴纳。如果是前者，应在交款后确认资金是否到账；如果是后者，买受人交款并查验开发企业缴纳资金的证明后，还应确认到账情况。

（三）签署交接文件

一般新建商品房验收时都有《房屋验收记录表》和《房屋交接表》。房地产经纪人员应根据查验情况及发现的问题填写《房屋验收记录表》。《房屋交接表》应将需要移交的所有动产和不动产的名称、数量和质量列清，交接双方签字确认。

（四）领钥匙

以上手续办理后，应找开发建设单位领取钥匙。这里所说的钥匙包括入户门的钥匙、报箱钥匙和进入小区的门禁磁卡以及各种能源表盒的钥匙。如拟近期搬入，还要告知物业服务企业并安排搬入时间，以免过多业主同时搬家造成拥挤。

五、注意事项

新建商品房查验时，应重视开发建设过程中某些原始资料的查看。由于购买商品房是产权第一次转让，登记机构需要查验原始产权构成的合法性。有些商品房因开发建设单位前期手续不全而长期不能办理产权登记手续。因此，查验时，需要仔细查验开发建设单位资料，尤其是办理产权登记手续所需的要件是否齐全。

第三节　房地产经纪业务档案管理

根据相关规定和要求，房地产经纪人员要全程做好房地产经纪业务记录，依法归入档案，并妥善保管。

一、房地产经纪业务记录的主要内容

所谓业务记录并非仅仅是文字记录，还应包括一些图表和影像资料记录。房地产经纪业务记录主要是指房地产经纪机构和房地产经纪人员在经纪活动中涉及或形成的各类具有法律效力，按照规定必须归档保存或具有保存价值的文字、图表、影像等形式的资料的总称。主要包括：

1. 房地产经纪服务合同。
2. 房地产交易合同（买卖和租赁合同）。
3. 委托人及交易相对人提供的资料。
4. 房屋状况说明书、房屋查验报告。
5. 收据、收条及各种票据等原始凭证的复印件。
6. 房屋交接单或房屋交接确认书。

7. 交易房屋房地产权属证书复印件。

8. 其他有关资料。

二、房地产经纪业务档案管理的要求

（一）设立档案管理专职岗位

房地产经纪机构应建立档案管理制度，设立档案管理岗位专门管理档案资料。较大的经纪机构，该岗位应设专人甚至多人担任；较小的经纪机构可设专人兼任。经纪机构的档案管理人员应经过必要的专业技术培训。

（二）实行房地产经纪机构统一管理

房地产经纪机构应将所有的经纪业务记录统一归档管理，各房地产经纪分支机构或房地产经纪人员不能自己截留档案资料。房地产经纪机构的专职档案管理人员应按照公司归档管理的相关要求，及时催收相关资料，整理并归档。

（三）档案保存的时间要求

保存档案资料是为了便于后人查阅使用，因此保存时间越长越好。但档案保管成本很高，不可能实现永久保存，只要能够满足解决纠纷的需要即可。根据《房地产经纪执业规则》规定：“房地产经纪服务合同等房地产经纪业务相关资料的保存期限不得少于5年。”

三、房地产经纪业务档案管理的步骤

房地产经纪业务档案管理的步骤包括收集、整理、归档和利用四个环节。

（一）收集

收集是指专职档案管理人员将分散在房地产经纪机构各分支机构或门店的房地产经纪业务记录集中在一起的过程。收集业务记录一定要及时，最好是建立房地产经纪业务信息及时归缴制度并严格执行，保持收集渠道通畅、严密，确保信息记录的完整性和安全性。

（二）整理

整理就是将收集到的零散的房地产经纪业务信息包括文本、图表、影音资料等，按照一定要求和标准进行分类、合并，剔除掉一些不需要保存的信息，从而形成系统化的各类信息的过程。

（三）归档

归档就是按照业务记录的内在联系进行分类和保存。房地产经纪业务信息的归档，要按照“一个委托项目一份档案”的原则建档。档案资料要整理立卷，并编制卷内目录、案卷编号，填写备考表（卷内文件状况的记录单，排列在卷内文件之后，用于注明卷内文件与立卷状况）、案卷封面和案卷脊背。

（四）利用

房地产经纪业务记录，可为社会提供服务，但对涉及的国家秘密、商业秘密、技术秘密和个人隐私应当予以保密。房地产经纪机构可制定相关制度，按照一定手续对社会开放，供需要的公众检索使用。

复习思考题

1. 存量房买卖查验和交接的流程是怎样的？
2. 存量房租赁查验和交接的流程是怎样的？
3. 存量房实地查验主要查看哪些内容？
4. 存量房查验发现的问题如何解决？
5. 新建商品房查验和交接的流程是怎样的？
6. 新建商品房实地查验主要查看哪些内容？
7. 房地产经纪业务记录有哪些？
8. 如何对房地产经纪业务记录进行归档？

第八章　房地产交易中的代办服务

房地产交易中的抵押贷款办理及不动产转移登记由于具有很强的专业性且手续复杂，交易双方自行办理的难度很大，房地产交易双方往往也会委托房地产经纪机构代为办理。贷款代办及登记代办服务属于房地产经纪延伸业务，应由房地产交易当事人自愿选择，委托经纪机构代办的，经纪机构可以按照法律法规要求收取相应的代办服务费用。房地产经纪人员要清楚代办服务的目的、流程和内容，为委托人提供安全、放心的服务。

第一节　个人住房贷款代办

个人住房贷款代办的目的是为达成买方客户的购房目标，帮助其制定合理的贷款方案，办理贷款手续及抵押登记手续。在贷款过程中，由于贷款流程复杂，客户需多次来往于银行、公积金管理中心、房地产管理部门、交易资金监管机构等部门，每个部门所需资料、办理时间、办理要求等不尽相同，房地产经纪人员要根据委托人的主体资格和资金条件、相关部门的要求按规定的程序办理。

一、个人住房贷款流程

个人住房贷款办理流程主要包括抵押价值评估、面签、批贷、抵押登记、放款等环节，不同贷款类型，这些环节的顺序有所不同。

（一）商业贷款的流程

一般而言，商业贷款的流程为：买卖双方签订房屋买卖合同→办理网签手续（有的城市没有网签）→银行委托房地产评估机构评估房屋抵押价值→买卖双方到银行办理面签手续，银行批贷→买卖双方办理缴税、产权过户手续→办理抵押登记→银行放款。

（二）公积金贷款的流程

国管公积金贷款的办理流程为：买卖双方签订房屋买卖合同→办理网签手续（有的城市没有网签）→买卖双方到公积金管理中心办理面签手续→公积金管理中心委托房地产评估机构评估房屋抵押价值→公积金管理中心批贷→买卖双方办

理缴税、产权过户手续→办理抵押登记→公积金管理中心委托银行放款。

各地方管理的公积金贷款办理流程可能与国管公积金贷款有所不同，如北京市管公积金贷款的办理流程是先评估再面签，然后缴税过户。经纪人员要根据当地公积金管理中心要求的程序办理贷款事项。

（三）组合贷款的流程

商业贷款和公积金贷款组合贷款的办理流程一般为：买卖双方签订房屋买卖合同→银行委托房地产评估机构评估房屋抵押价值→办理网签手续（有的城市没有网签）→买卖双方到银行和公积金管理中心办理面签手续→银行和公积金管理中心分别审核，批贷→买卖双方办理缴税、产权过户手续→办理抵押登记→银行放款。

二、个人住房贷款代办委托

（一）沟通接洽

客户委托房地产经纪机构代办个人住房贷款时，房地产经纪人员应详细告知客户贷款办理流程和银行贷款政策，并充分考虑客户的储蓄、收入水平、家庭开支以及家庭理财状况，提出合理的建议。例如，客户是否具备申请住房公积金贷款的条件。如具备，在同等条件下，建议优先选择住房公积金贷款；卖方对资金时间的需求是否允许买方使用商业贷款和公积金贷款的组合贷款，如果允许，在公积金贷款不足的情况下，可以选用组合贷款方式；如果以上两种方式不可行，则只能选择商业贷款。

（二）签订个人住房贷款代办服务合同

按照《房地产经纪管理办法》第17条规定："房地产经纪机构提供代办贷款、代办房地产登记等其他服务的，应当向委托人说明服务内容、收费标准等情况，经委托人同意后，另行签订合同。"第18条第2款规定："房地产经纪机构不得收取任何未予标明的费用；不得利用虚假或者使人误解的标价内容和标价方式进行价格欺诈；一项服务可以分解为多个项目和标准的，应当明确标示每一个项目和标准，不得混合标价、捆绑标价。"因此，房地产经纪机构与委托人签订个人住房贷款代办服务合同时，应明确委托事项，约定双方的权利义务和收费标准。

根据个人住房贷款代办服务的内容，代办服务合同主要包括以下内容：

1. 委托双方的基本资料。

2. 委托事项，明确个人住房贷款代办服务内容，包括拟定贷款方案、协助委托人准备贷款申请材料、协助委托人办理贷款申请手续等。

3. 双方的权利和义务，明确委托方应对提供资料的真实性和完整性负责，受托方应协助委托方办理有关手续。

4. 服务收费。

5. 违约责任。

6. 委托双方签字盖章。

三、个人住房贷款代办服务的内容

个人住房贷款代办的内容包括：查询买方征信、拟定贷款方案、协助准备贷款申请材料、协助办理贷款申请手续。

（一）查询买方征信

征信是专业化的、独立的第三方机构为个人或企业建立信用档案，依法采集、客观记录其信用信息，并依法对外提供信用信息服务的一种活动。征信按服务对象可以分为信贷征信、商业征信、雇佣征信及其他征信，个人住房贷款中需要查询买方的信贷征信，为金融机构的信贷决策提供支持。目前我国商业银行普遍采用的个人信贷征信是中国人民银行征信中心出具的个人信用报告。

目前，个人信用报告有三个版本，分别为：①个人版。供消费者了解自己信用状况，主要展示了信息主体的信贷信息和公共信息等。包括个人版和个人明细版。②银行版。主要供商业银行查询，在信用交易信息中，该报告不展示除查询机构外的其他贷款银行或授信机构的名称，目的是保护商业秘密，维护公平竞争。③社会版。供消费者开立股指期货账户，此版本展示了个人的信用汇总信息，主要包括个人的执业资格记录、行政奖励和处罚记录、法院诉讼和强制执行记录、欠税记录、社会保险记录、住房公积金记录以及信用交易记录。

根据《征信业管理条例》的规定，个人有权每年两次免费获取本人的信用报告。在没有得到他人授权的情况下，个人是无权查询他人信用报告的。如果买方委托他人查询其信用报告，需要提供买方和代理人的有效身份证件原件和复印件、授权委托公证证明原件，同时填写《个人信用报告本人查询申请表》。房地产经纪人员应告知买方个人征信的查询方式，如通过“中国人民银行征信中心”网站（www.pbccrc.org.cn）或中国人民银行各地营业网点查询。

中国人民银行征信中心只是提供个人信用报告，供商业银行审批贷款申请时参考，最终能否贷款及贷款的额度，取决于商业银行贷款审批的结果。一般银行对个人征信的要求是：当前不能逾期，半年内不能有两次逾期记录，两年内不能连续 3 次，累计 6 次未按时还款。

（二）拟定贷款方案

贷款方案主要由以下要素组成：

1. 贷款银行

目前，几乎所有商业银行都提供个人住房贷款，如何选择贷款银行是贷款方案的首要任务。选择贷款银行主要考虑以下几个因素：

(1) 贷款利率。央行规定5年以上贷款基准利率，各地银行可以根据金融市场环境设定房贷利率折扣，如对首套房利率，有的银行在基准利率基础上打8折，有的打9折。经纪人员要熟悉当地各大银行的利率折扣政策，向买方推荐利率折扣较大的银行。

(2) 贷款门槛。每个银行都有自己的抵押贷款条件，如对抵押房屋房龄的要求，有的银行规定房龄超过20年的房屋不予贷款，有的规定是15年甚至是10年。此外，各个银行对享受优惠利率的借款人有自己的特殊要求，如本银行的VIP客户才能享受最大房贷利率折扣，一般客户没有利率优惠。经纪人员要根据买方及其购买的房屋的情况确定是否达到某银行的贷款门槛。

(3) 调息方式。每个银行对央行基准利率调整后执行新利率还款的时间有不同的规定，如有的规定利率调整后的次年元月开始调息，有的规定利率调整后的次月调息，有的可以让借款者自行选择，还有的银行可以执行固定利率不变。经纪人员要将这些规定告知买方，由其自行决定选择哪种调息方式，从而选择满足其要求的银行。

(4) 还款方式。还款方式有等额本金和等额本息两种，有的银行规定只能采用等额本金方式还款或只能采用等额本息方式还款，有的银行则规定可由借款人自主选择还款方式，经纪人员应根据买方的收入情况确定适合的还款方式，从而选择满足其要求的银行。

(5) 提前还贷的规定。有的银行规定借款人提前还贷要收取违约金，有的规定要还款满一年才能申请提前还贷，经纪人员要弄清各银行的规定，向买方推荐同等条件下对其提前还贷约束较小的银行。

(6) 银行的工作效率。银行的工作效率反映在审贷批贷、放款所需时间，经纪人员根据以往经验，推荐同等条件下工作效率最高的银行。

(7) 买方的偏好。有的买方对某些银行有特殊偏好，要求在自己指定的银行贷款，经纪人员要做的是弄清这个银行的贷款政策和流程，分析清楚选择该银行的利弊，由买方自主决定。

2. 贷款成数。银行一般有最高贷款成数的规定。各地、各时期贷款成数不尽相同，应及时掌握当地及各银行的贷款政策。目前贷款金额最高一般不超过抵押房地产价值的70%。抵押房地产价值通常采用抵押房地产的评估价值，银行一般委托具有相应资质的房地产评估机构评估确定。在贷款方案中应写明具体的评估机构并告知买方可能需要支付的评估费。

3. 偿还比率。在发放贷款时，通常将偿还比率作为衡量贷款申请人偿债能力的一个指标，目前大多数银行都对个人住房抵押贷款规定了最高偿还比率，一般是50%，即给予借款人的最高贷款金额不使其分期偿还额超过其家庭同期收入的50%。

4. 贷款额度。贷款额度也称贷款限额。银行一般用不同的指标，对借款人的贷款金额做出限制性规定，例如：①贷款金额不得超过某一最高金额；②贷款金额不得超过按照最高贷款成数计算出的金额；③贷款金额不得超过按最高偿还比率计算出的金额。当借款人的申请金额不超过以上所有限额的，以申请金额作为贷款金额；当申请金额超过以上任一限额的，以其中最低限额作为贷款金额。

5. 贷款期限。贷款期限由贷款人和借款人根据情况商定，但一般有最长期限的规定。如个人住房贷款期限最长为30年。在个人住房贷款中，贷款人可能根据住房的适用年限（寿命）、借款人的年龄等对贷款期限做出限制，如住房的寿命越短，贷款期限会越短；借款人的年龄越大，贷款期限会越短。

6. 贷款利率与偿还方式。不同的还款方式，对借款人借款后的现金流要求是不同的，采用等额本息还款时，各期还款压力是一样的；采用等额本金还款法时，借款初期的还款压力较大，以后依次递减。房地产经纪人员在帮助客户制定贷款方案时，应充分考虑客户的储蓄、收入水平、家庭开支以及家庭理财状况，进行综合考虑，还贷方式一般由借款客户自己选择，房地产经纪人员应向借款人介绍等额本金和等额本息两种还贷方式的区别，为贷款客户提供参考意见。

（三）协助准备贷款申请材料

在贷款过程中，客户应根据银行要求提供贷款所需资料，申请个人住房贷款一般需要提供下列资料：

1. 个人住房借款申请。

2. 基本证件（指居民二代身份证、居民户口簿和其他有效居留证件、婚姻状况证明）。

3. 借款人家庭稳定的经济收入的证明，这个证明对能否贷款成功及最高贷款额度有比较大的影响。

4. 符合规定的购买（建造、大修）住房合同、协议或其他批准文件。

5. 借款人用于购买（建造、大修）住房的自筹资金的有关证明。

6. 抵押物或质押物的清单、权属证明以及有处分权人同意抵押或质押证明；保证人同意提供担保的书面文件和保证人资信证明。为提高房子抵押贷款通过率，要尽量多地提供家庭其他财产证明（如房屋所有权证、股票、基金、现金存折、车辆行驶证等)。

7. 贷款人要求提供的其他文件或资料。

近几年由于受国家房地产调控政策的影响，金融机构的贷款政策变化较快，可能会出现因提供资料不及时而影响贷款审批或遭遇利率变化，进而引起贷款代办服务纠纷；或是因客户提供虚假资料而产生诚信问题影响贷款审批。因此，房地产经纪机构应明确告知客户资料提供应真实、全面、及时。

房地产经纪机构和客户之间存在资料交接问题，可能涉及身份证明或房屋产权证明原件的交接；另外，因资料的交接时间无准确记录也极易产生纠纷，因此，房地产经纪机构应有书面交接手续，内容包括：资料名称、提供人、接收人、交接时间等，明确交接双方的责任，房地产经纪人员应认真、准确地填写，避免纠纷的产生。

(四) 协助办理贷款相关手续

材料准备齐全后要根据与银行预约的时间办理各类贷款相关手续，主要包括：

1. 带领客户去银行面签借款合同。
2. 协助客户办理交易资金监管手续。
3. 根据银行通知领取批贷函，并提醒借款人注意批贷函的有效期。
4. 协助客户到不动产登记部门办理不动产抵押登记手续。

四、个人住房贷款代办服务中业务文书的使用

(一) 个人住房贷款代办合同

个人住房贷款代办合同是指借款人委托房地产经纪机构代办个人住房贷款而签订的服务合同，个人住房贷款代办服务是房地产经纪延伸服务的内容之一，房地产经纪机构门店普遍承接该项业务。

房地产经纪机构在为客户提供办理贷款的服务时，必须签订个人住房贷款代办服务合同，明确约定经纪机构的服务内容和责任范围，不对贷款能否获批、贷款额度、利率、代办期限等做出承诺。

如在操作中不注意风险防范，客户贷款不成功的责任就可能要由经纪机构承担，因为贷款能否成功需银行批准，主要取决于客户的征信和条件。因此，房地产经纪人员应熟悉代办合同的内容，在委托前对客户讲清代办内容，及时签订代办合同，不能做不实承诺或夸大代办范围，避免因责任不清而产生纠纷。

(二) 借款合同

借款合同是指办理贷款业务的银行作为贷款人一方，向借款人提供贷款，借

款人到期返还借款并支付利息的合同。

借款合同的主要内容包括：借款种类、币种、用途、数额、利率、期限和还款方式等条款。

签订借款合同，应注意以下事项：

1. 借款合同要由借款人填写

根据《合同法》的有关规定，借款合同是双方当事人真实的意思表示，双方当事人就合同的主要内容、条款达成合意的，借款合同即告成立。银行《借款合同》一般都是格式合同，提供格式条款的一方也就是银行，因此，借款合同应由借款人填写，可以让借款人理解合同内容、条款，银行对条款负有解释的义务，这样可以防止因理解不同发生纠纷。

2. 借款人需要明确借款用途

借款人应当按照约定的借款用途使用借款，借款人未按照约定的借款用途使用借款的，贷款人可以停止发放借款、提前收回借款或者解除合同。

3. 按期支付利息和本金。银行《借款合同》作为有偿合同，借款人有义务按照约定的期限支付利息和本金，应注意还款日期，避免因为延迟还款影响个人信用记录。

（三）抵押合同

抵押合同是抵押权人（银行或公积金管理中心）与抵押人（房地产买卖中的买受人）签订的担保性质的合同，抵押人以一定的财物向抵押权人设定抵押担保，当债务人不能履行债务时，抵押权人可以依法以处分抵押物所得价款优先受偿。

在贷款过程中，抵押人和抵押权人应持抵押合同、有关文件及证件到当地登记部门申请抵押登记，登记的目的是为防止产权不清或已经失效，以及一物两押。登记部门应在规定日期内办完登记手续，抵押权自登记时设立。

1. 抵押合同的内容

抵押合同主要包括以下内容：

（1）抵押人、抵押权人的名称或者个人姓名、住所。

（2）主债权的种类、数额。

（3）抵押财产的具体状况。

（4）抵押财产的价值。

（5）债务人履行债务的期限。

（6）抵押权灭失的条件。

（7）违约责任。

(8) 争议解决方式。

(9) 抵押合同订立的时间与地点。

(10) 双方约定的其他事项。

2. 抵押合同的效力

抵押权是对债权的保障，当债权无法实现时才出现。抵押合同具有从属性，当主合同即债权合同无效时，抵押合同也无效。

3. 抵押合同的变更和终止

抵押合同变更的，应当签订书面的抵押变更合同。抵押合同的变更事项需要抵押人和抵押权人协商一致，方可变更。

抵押合同可以约定终止事由，一般终止情况如下：抵押所担保的债务已经履行；抵押合同被解除；债权人免除债务；法律规定终止或者当事人约定终止的其他情形。

第二节　不动产登记代办

房屋买卖中的房屋所有权转移必须依照法律规定进行不动产登记才会产生效力，不动产登记是房地产交易过程中的最重要的一环。房屋交易中涉及的不动产登记类型包括不动产转移登记和不动产他项权利登记。不动产转移登记俗称产权过户，房屋由于买卖而发生的房屋所有权转移须申请不动产转移登记；如果交易中涉及了房地产抵押贷款，还需要相应申请不动产他项权利中的抵押权登记。由于不动产登记相对复杂，交易当事人一般不了解不动产登记的条件、需要提供的申请材料和程序，通常会委托房地产经纪机构代为办理。

一、不动产登记代办流程

(一) 代办不动产转移登记的流程

1. 介绍相关政策及流程。介绍与不动产转移登记有关的政策、法规及办理登记的流程。告知应当由买卖双方缴纳的税费、准备的材料。由于不动产交易税费的收取标准由主管部门制定，不同时期可能存在不同的收费标准，必须详细解析，有必要时提供相关的法律法规资料供其参考。

2. 了解权属现状。实地查看房屋以及到房地产主管部门核验产权，了解不动产的使用状况及权属现状。重点了解是否存在共有人、是否存在抵押、查封等权利限制情况，是否已出租，是否存在异议登记等。

3. 收集相关材料。要求委托人提供相关材料。在接受委托人提供的相关材料时，要注意签收并妥善保管。办理不动产转移登记需要的材料主要有：房屋买卖合同、房地产交易资金监管协议、买卖双方的身份证明、不动产权证书，契税完税凭证等。交付材料时，一般要求买卖双方亲自到场，如果本人无法到场，委托他人办理的，登记机构一般还会要求提供受托人的身份证明以及经过公证的授权委托书。

4. 签订委托合同。与委托人签订不动产登记代办合同，收取代办服务费。指导委托人填写登记申请书（参考式样见表 8-1）并代收不动产登记相关税费。委托合同要约定委托事项、双方的权利义务、违约责任、代办收费等。

5. 前往登记部门办理登记。房地产经纪人员前往不动产所在地不动产登记部门申请办理相关的登记事项，代为缴纳不动产登记各类税费。

6. 领取不动产权证书。办理完不动产转移登记，领取不动产权证书，连同办理登记所缴纳的各种税费的发票一并转交给委托人。

（二）代办不动产抵押权登记的流程

1. 介绍相关政策及流程。介绍房地产抵押的相关政策、法规及办理登记的流程，告知需要买卖双方准备的材料。

2. 了解权属现状。重点了解是否存在共有人、是否存在限制抵押的情形、是否存在查封等权利限制情况，是否已出租。

3. 收集相关材料。在接收委托人提供的相关材料时，要注意签收并妥善保管。办理不动产抵押权登记需要的材料主要有：不动产权证书、抵押合同、抵押权人的身份证明、抵押人的身份证明。与办理转移登记一样，交付材料时，一般要求买卖双方亲自到场，如果本人无法到场，委托他人办理的，还应提供受托人的身份证明以及经过公证的授权委托书。

4. 签订委托合同。与委托人签订不动产登记代办合同，收取代办服务费。指导委托人填写登记申请书（参考式样见表 8-1）并代收不动产抵押登记费。委托合同要约定委托事项、双方的权利义务、违约责任、代办收费等。

5. 前往登记部门办理登记。将抵押合同、不动产权证书等资料递送当地不动产登记部门，领取领证回执单。

6. 领取不动产登记证明。领取不动产登记证明（他项权证），连同办理登记所缴纳各种税费的发票一并转交给委托人。

不动产登记申请书 **表 8-1**

收件	编号		收件人	
	日期			

单位：□平方米 □公顷（□亩）、万元

申请登记事由	□土地所有权	□国有建设用地使用权	□宅基地使用权	
	□集体建设用地使用权	□土地承包经营权	□林地使用权	
	□海域使用权	□无居民海岛使用权	□房屋所有权	
	□构筑物所有权	□森林、林木所有权	□森林、林木使用权	
	□抵押权	□地役权	□其他________	
	□首次登记	□转移登记	□变更登记	
	□注销登记	□更正登记	□异议登记	
	□预告登记	□查封登记	□其他________	
申请人情况	登记申请人			
	权利人姓名（名称）			
	身份证件种类		证件号	
	通讯地址		邮编	
	法定代表人或负责人		联系电话	
	代理人姓名		联系电话	
	代理机构名称			
	登记申请人			
	义务人姓名（名称）			
	身份证件种类		证件号	
	通讯地址		邮编	
	法定代表人或负责人		联系电话	
	代理人姓名		联系电话	
	代理机构名称			
不动产情况	坐落			
	不动产单元号		不动产类型	
	面积		用途	
	原不动产权属证书号		用海类型	
	构筑物类型		林种	
抵押情况	被担保债权数额（最高债权数额）		债务履行期限（债权确定期间）	
	在建建筑物抵押范围			
地役权情况	需役地坐落			
	需役地不动产单元号			

续表

<table>
<tr><td rowspan="7">登记原因及证明</td><td colspan="2">登记原因</td><td colspan="3"></td></tr>
<tr><td colspan="2" rowspan="6">登记原因
证明文件</td><td colspan="3">1.</td></tr>
<tr><td colspan="3">2.</td></tr>
<tr><td colspan="3">3.</td></tr>
<tr><td colspan="3">4.</td></tr>
<tr><td colspan="3">5.</td></tr>
<tr><td colspan="3">6.</td></tr>
<tr><td colspan="2">申请证书版式</td><td colspan="2">□单一版 □集成版</td><td>申请分别持证</td><td>□是 □否</td></tr>
<tr><td>备注</td><td colspan="5"></td></tr>
<tr><td colspan="6">本申请人对填写的上述内容及提交的申请材料的真实性负责。如有不实，申请人愿承担法律责任。

申请人（签章）：　　　　　　　　申请人（签章）：
代理人（签章）：　　　　　　　　代理人（签章）：
年　月　日　　　　　　　　　　年　月　日</td></tr>
</table>

附：不动产登记申请书使用和填写说明

一、使用说明

不动产登记申请书主要内容包括登记收件情况、申请登记事由、申请人情况、不动产情况、抵押情况、地役权情况、登记原因及其证明情况、申请的证书版式及持证情况、不动产登记情况。

不动产登记申请书为示范表格，各地可参照使用，也可以根据实际情况，从便民利民和方便管理出发，进行适当调整。

二、填写说明

【收件编号、时间】填写登记收件的编号和时间。

【收件人】填写登记收件人的姓名。

【登记申请事由】用勾选的方式，选择申请登记的权利或事项及登记的类型。

【权利人、义务人姓名（名称）】填写权利人和义务人身份证件上的姓名或名称。

【身份证件种类、证件号】填写申请人身份证件的种类及编号。境内自然人一般为《居民身份证》，无《居民身份证》的，可以为《户口簿》《军官证》《士官证》；法人或其他组织一般为《营业执照》《组织机构代码证》《事业单位法人证书》《社会团体法人登记证书》。港澳同胞的为《居民身份证》《港澳居民来往内地通行证》或《港澳同胞回乡证》；台湾同胞的为《台湾居民来往大陆通行证》或其他有效证件。外籍人的身份证件为《护照》和中国政府主管机关签发的居留证件。

【通讯地址、邮编】填写规范的通讯地址、邮政编码。

【法定代表人或负责人】申请人为法人单位的，填写法定代表人姓名；为非法人单位的，填写负责人姓名。

【代理人姓名】填写代权利人申请登记的代理人姓名。

【代理机构名称】代理人为专业登记代理机构的，填写其所属的代理机构名称，否则不填。

【联系电话】填写登记申请人或者登记代理人的联系电话。

【坐落】填写宗地、宗海所在地的地理位置名称。涉及地上房屋的，填写有关部门依法确定的房屋坐落，一般包括街道名称、门牌号、幢号、楼层号、房号等。

【不动产单元号】填写不动产单元的编号。

【不动产类型】填写土地、海域、无居民海岛、房屋、建筑物、构筑物或者森林、林木等。

【面积】填写不动产单元的面积。涉及宗地、宗海及房屋、构筑物的，分别填写宗地、宗海及房屋、构筑物的面积。

【用途】填写不动产单元的用途。涉及宗地、宗海及房屋、构筑物的，分别填写宗地、宗海及房屋、构筑物的用途。

【原不动产权属证书号】填写原来的不动产权证书或者登记证明的编号。

【用海类型】填写《海域使用分类体系》用海类型的二级分类。

【构筑物类型】填写构筑物的类型，包括隧道、桥梁、水塔等地上构筑物类型，透水构筑物、非透水构筑物、跨海桥梁、海底隧道等海上构筑物类型。

【林种】填写森林种类，包括防护林、用材林、经济林、薪炭林、特种用途林等。

【被担保债权数额（最高债权数额）】填写被担保的主债权金额。

【债务履行期限（债权确定期间）】填写主债权合同中约定的债务人履行债务的期限。

【在建建筑物抵押范围】填写抵押合同约定的在建建筑物抵押范围。

【需役地坐落、不动产单元号】填写需役地所在的坐落及其不动产单元号。

【登记原因】填写不动产权利首次登记、转移登记、变更登记、注销登记、更正登记等的具体原因。

【登记原因证明文件】填写申请登记提交的登记原因证明文件。

【申请证书版式】用勾选的方式选择单一版或者集成版。

【申请分别持证】用勾选的方式选择是或者否。

【备注】可以填写登记申请人在申请中认为需要说明的其他事项。

二、不动产登记代办中的资料核验

房地产经纪机构接受不动产登记代办委托时，要对委托人身份、不动产有关的权属证明、不动产的权属状况进行核验。

（一）身份核验

1. 不动产登记委托人为自然人

①不动产登记委托人应当具有完全民事行为能力。由监护人委托的，应当提交监护人身份证明、被监护人居民身份证或户口簿（未成年人）、证明法定监护关系的户口簿，或者其他能够证明监护关系的法律文件。

②查看委托人提供的身份证件。境内年满十六周岁的自然人应提交居民身份证，未满十六岁的自然人可以提交居民身份证，也可以提交户口簿作为身份证明。军人应提交居民身份证或军官证、士兵证等有效身份证件。香港、澳门特别行政区自然人应提交香港、澳门特别行政区居民身份证或香港、澳门特别行政区护照、港澳居民来往内地通行证、港澳同胞回乡证。台湾地区自然人应提交台湾居民来往大陆通行证或台胞证；华侨应提交中华人民共和国护照；外籍人士应提交中国政府主管机关签发的居留证件或其所在国护照。

2. 不动产登记委托人为法人或其他组织

境内企业法人应提交企业法人营业执照，机关法人、事业单位法人和社团法人应提交组织机构代码证、事业单位法人证书和社会团体法人登记证书；境外企业法人应提交其在境内设立分支机构或代表机构的批准文件和注册证明；境内经营性其他组织应提交营业执照；境内非经营性其他组织应提交组织机构代码证。

（二）不动产权属证书核验

在不动产统一登记制度实施前，我国大多数城市房屋和土地分别登记发证。根据《不动产登记暂行条例》的规定，在该条例施行前依法颁发的各类房屋、土地等不动产权属证书和房屋、土地等不动产登记簿继续有效。也就是说，不动产统一登记后，原房屋、土地登记部门颁发的房屋权属证书、土地权属证书依然有效。因此，房地产经纪人员不但要熟悉现行的不动产权属证书和不动产登记证明，还需要了解熟悉《不动产登记暂行条例》实施前，土地、房地产管理部门颁发的土地使用权证、房屋所有权证、房屋他项权证和预告登记证明。房地产经纪人员尤其应掌握与房地产经纪活动最为密切的房屋所有权证书的真伪基本知识，防范风险。

按照开始使用的时间，全国统一的房屋权属证书主要有 6 个版本，即 1998 年普通版、2000 年版、2004 年版、2006 年版、2008 年版和 2012 年版。1998 年普通版、2000 年版、2004 年版和 2006 年版的房屋权属证书均有中华人民共和国建设部监制。2008年版和2012年版由中华人民共和国住房和城乡建设部监制。1998年版房屋所有权证书，从纸张上看，权证的内页纸张用的是不定位专用水印，其识别方法类似人民币中的水印头像，对着光线看权证纸内有房屋和大厦的水印。从底纹上看，房屋所有权权证底纹有浮雕文“房屋所有权证”6个字，字迹清晰，线条光滑，容易识别。

2000年版房屋所有权证书，证书内页采取专用浮雕底纹，页内花边内藏有微缩文字，微缩文字用肉眼看为一道虚线，在放大镜下则可清晰可辨“FWSYQZ”英文大写字母。证书封二团花的花芯为劈线花芯，即在花芯中藏有一个双线小花。假房产证的制作过程由于没有专业线纹技术，这部分也会模糊不清。

2004年版房屋所有权证，在“编号”之后增加了长方形电子水印块，用配套的膜片从不同角度观察会显示出不同的字样。

2006年版房屋所有权证，改进的防伪功能为证书封二团花为单线，外第三层虚线为字母线，团花中央的花芯横线由字母组成。

从2008年版房屋所有权证书开始，住房和城乡建设部统一核准编制了全国房屋登记机构注册号，每本证书印有唯一的编号。证书中的团花较2000年、2004年和2006年三个版本有所改动，即在封面里页上由两色空心细纹组成莲花叠加团花图案。莲花周边由“房屋所有权证”的汉字拼音大写字母组成的线围绕。

2012年版房屋所有权证书在证书防伪水印纸内埋入全息开窗安全线，安全线均匀分布在证书内页，宽2mm，其上文字内容为循环排列的“住房和城乡建设部”字样，在光线下呈现不同颜色的镭射光。版式、颜色等其他要素维持不变。

常见土地、房屋各类权属证书式样如下：

1. 国有土地使用证

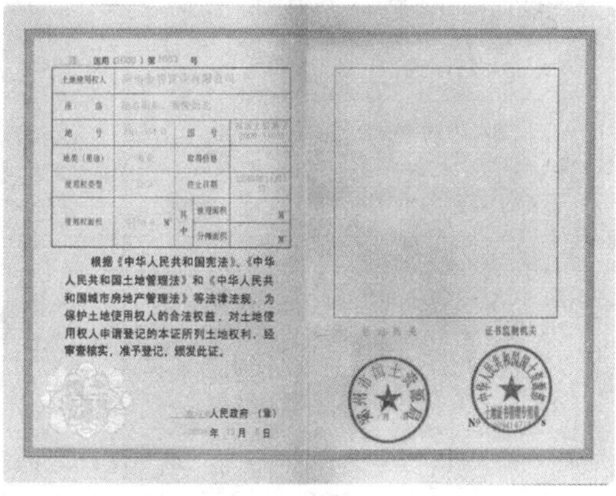

2. 房屋所有权证

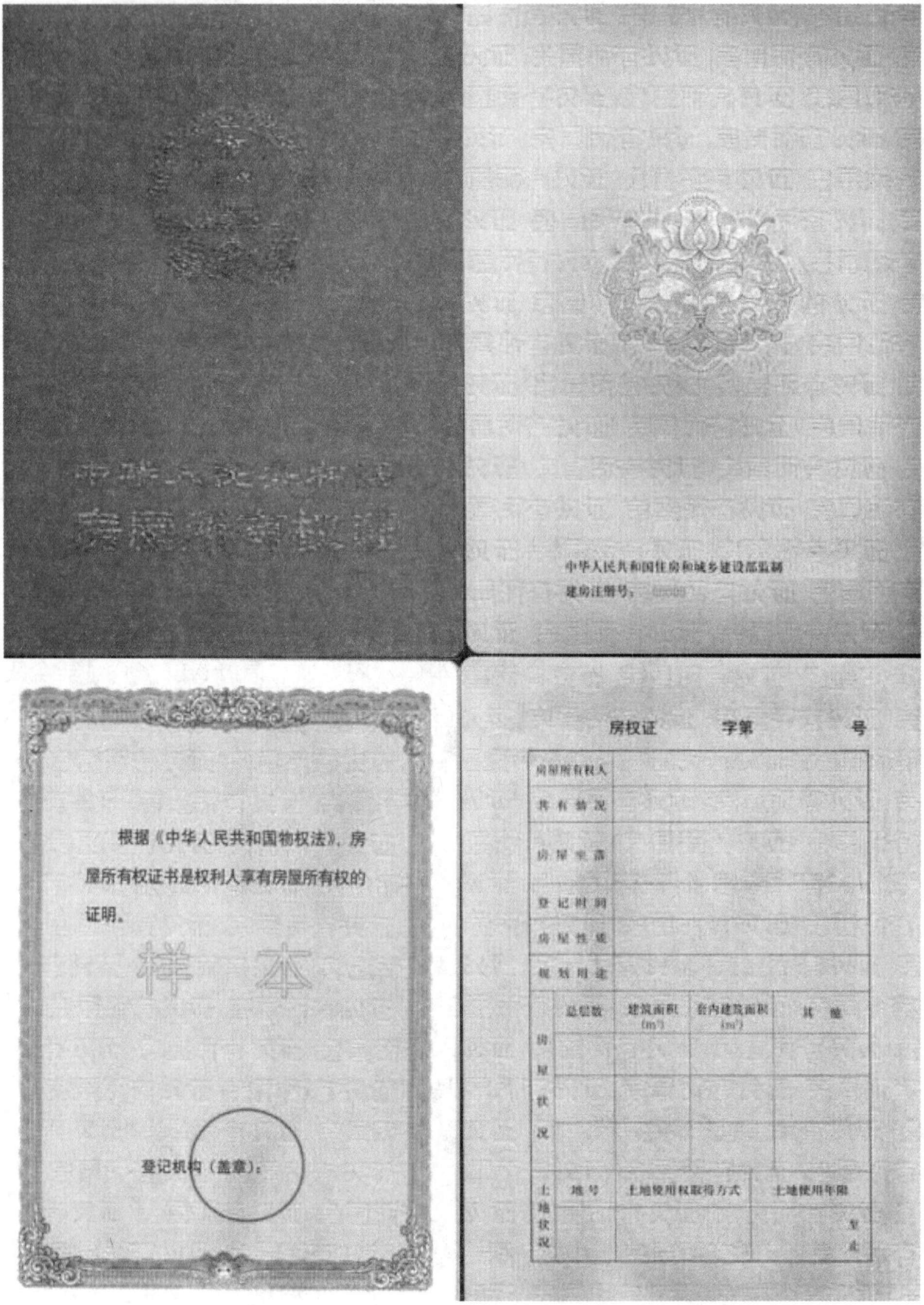
中华人民共和国
房屋所有权证
中华人民共和国住房和城乡建设部监制
建房注册号：
根据《中华人民共和国物权法》，房屋所有权证书是权利人享有房屋所有权的证明。
样　本
登记机构（盖章）：
房权证　字第　号
房屋所有权人
共有情况
房屋坐落
登记时间
房屋性质
规划用途
房屋状况
总层数
建筑面积(m²)
套内建筑面积(m²)
其他
土地状况
地号
土地使用权取得方式
土地使用年限
至
止

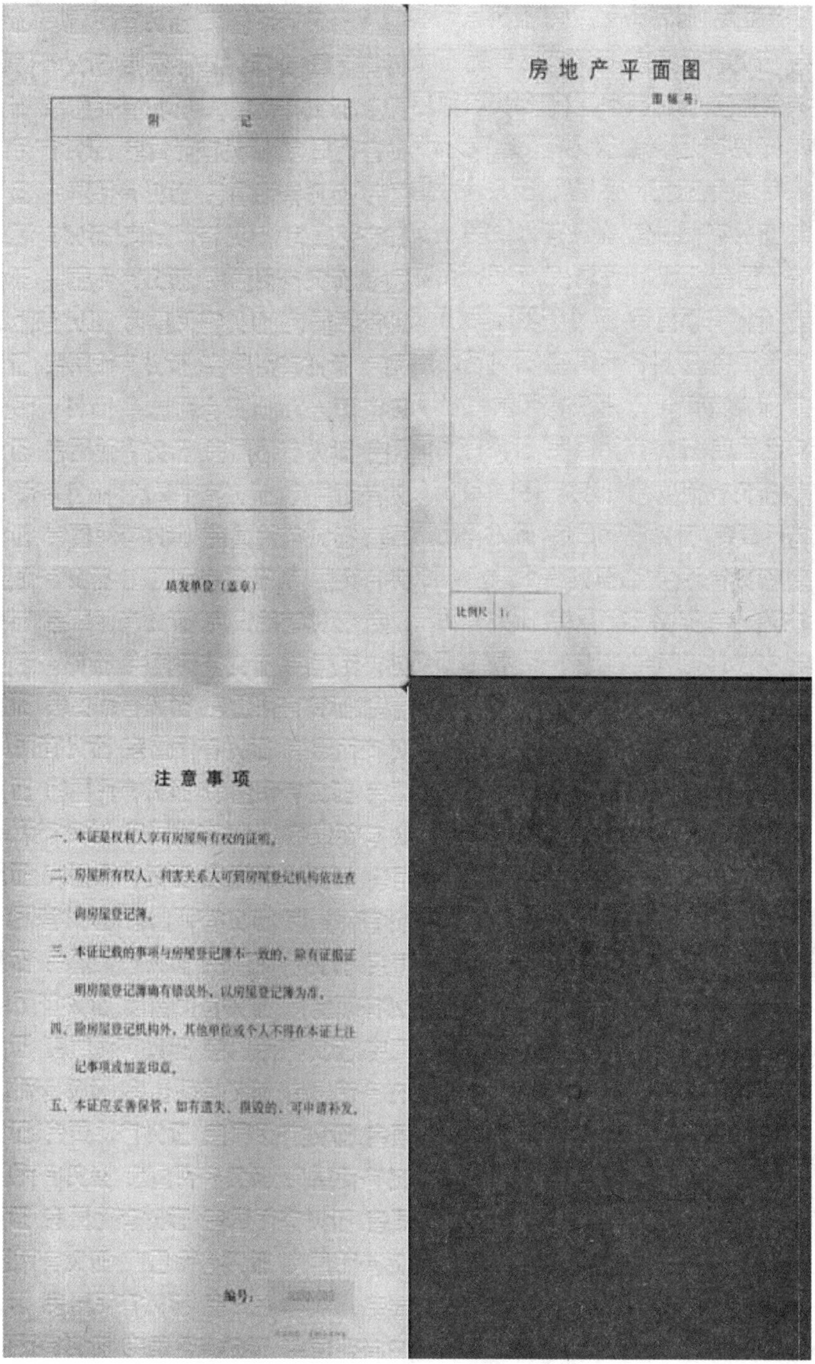

附　　记

填发单位（盖章）

房地产平面图

图幅号：

比例尺 1：

注意事项

一、本证是权利人享有房屋所有权的证明。

二、房屋所有权人、利害关系人可到房屋登记机构依法查询房屋登记簿。

三、本证记载的事项与房屋登记簿不一致的，除有证据证明房屋登记簿确有错误外，以房屋登记簿为准。

四、除房屋登记机构外，其他单位或个人不得在本证上注记事项或加盖印章。

五、本证应妥善保管，如有遗失、损毁的，可申请补发。

编号：

3. 房屋他项权证

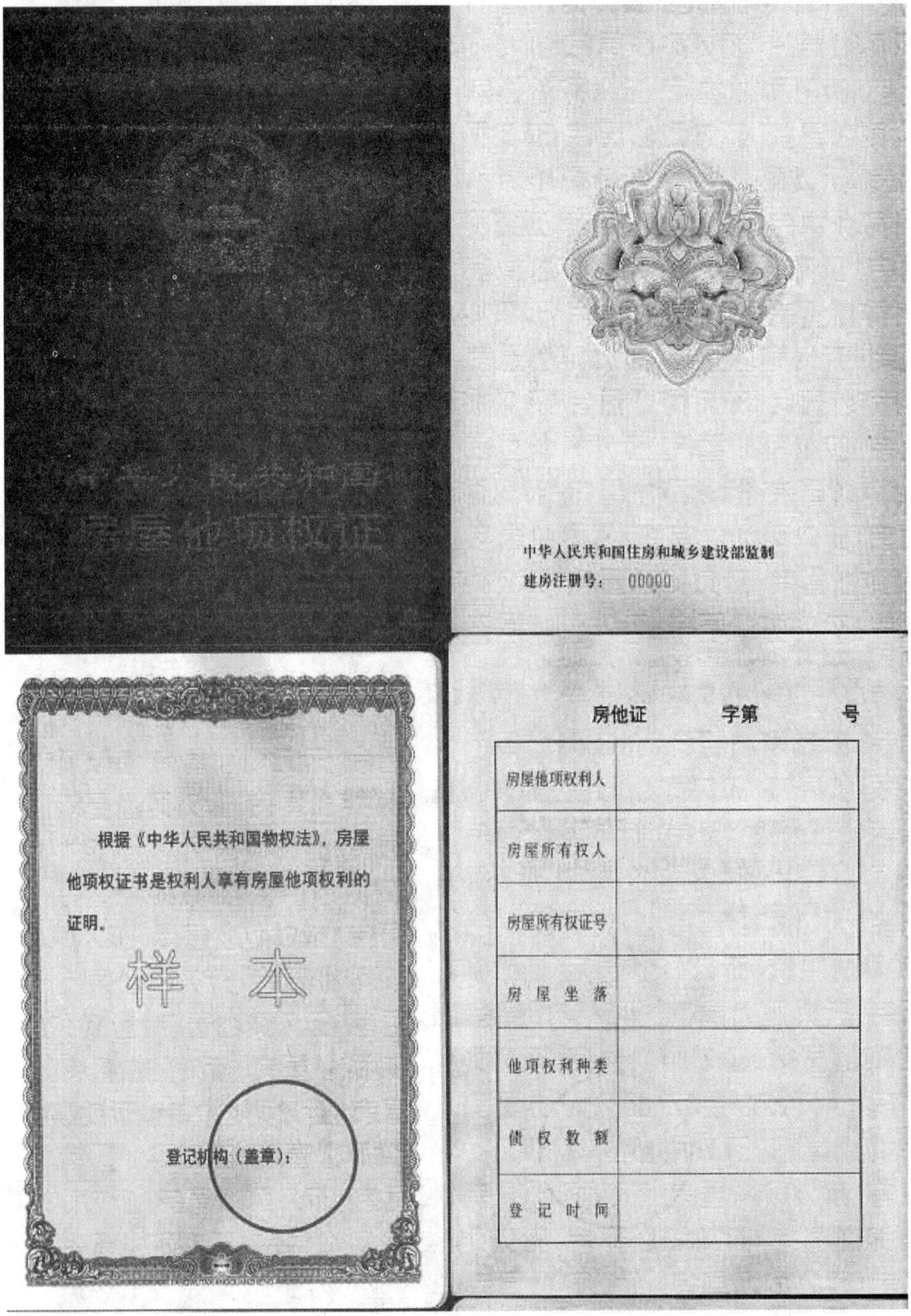

中华人民共和国
房屋他项权证

中华人民共和国住房和城乡建设部监制
建房注册号： 00000

根据《中华人民共和国物权法》，房屋他项权证书是权利人享有房屋他项权利的证明。

样　本

登记机构（盖章）：

房他证　　　　字第　　　　号

房屋他项权利人	
房屋所有权人	
房屋所有权证号	
房屋坐落	
他项权利种类	
债权数额	
登记时间	

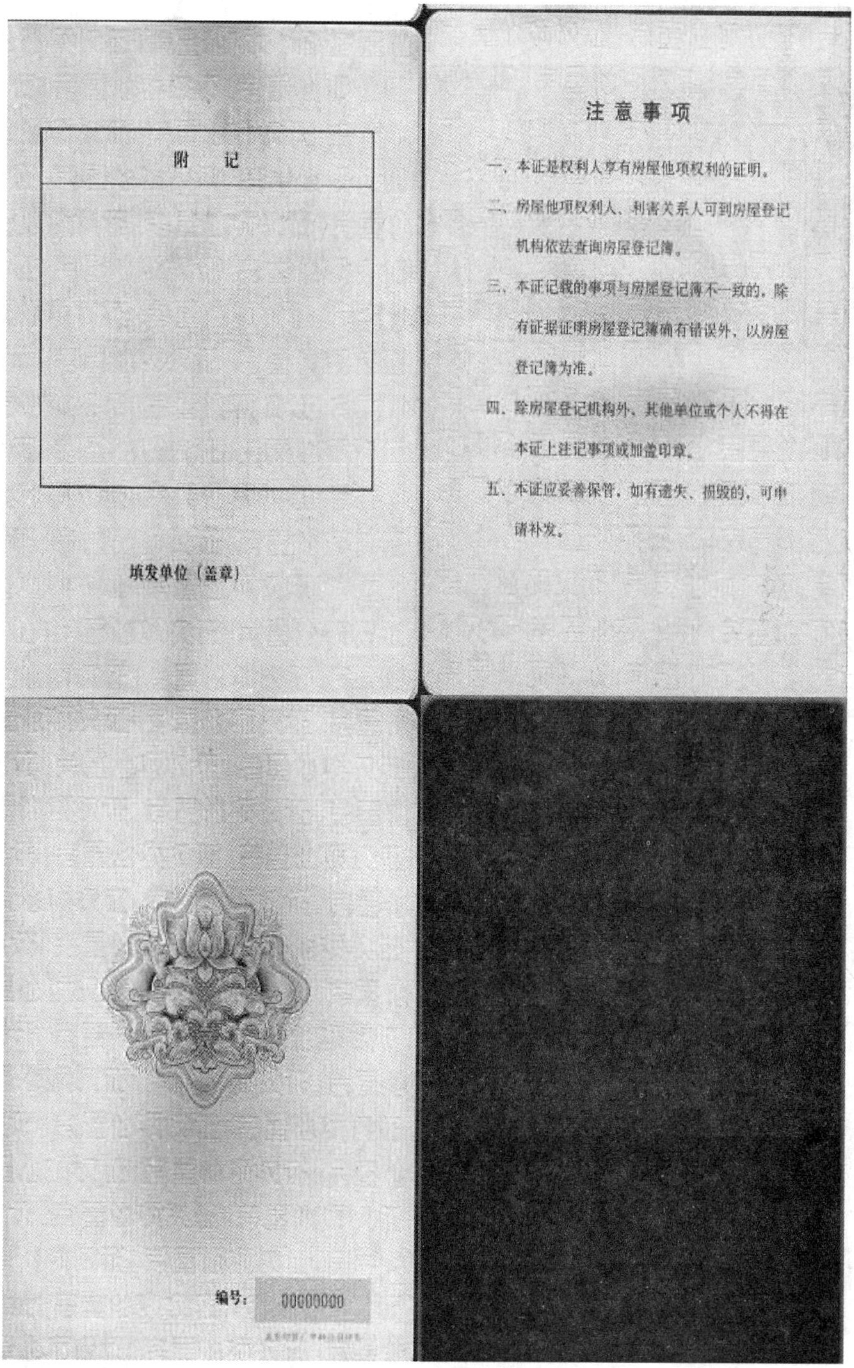

附　记

填发单位（盖章）

注 意 事 项

一、本证是权利人享有房屋他项权利的证明。

二、房屋他项权利人、利害关系人可到房屋登记机构依法查询房屋登记簿。

三、本证记载的事项与房屋登记簿不一致的，除有证据证明房屋登记簿确有错误外，以房屋登记簿为准。

四、除房屋登记机构外，其他单位或个人不得在本证上注记事项或加盖印章。

五、本证应妥善保管，如有遗失、损毁的，可申请补发。

编号：00000000

4. 房屋预告登记证明

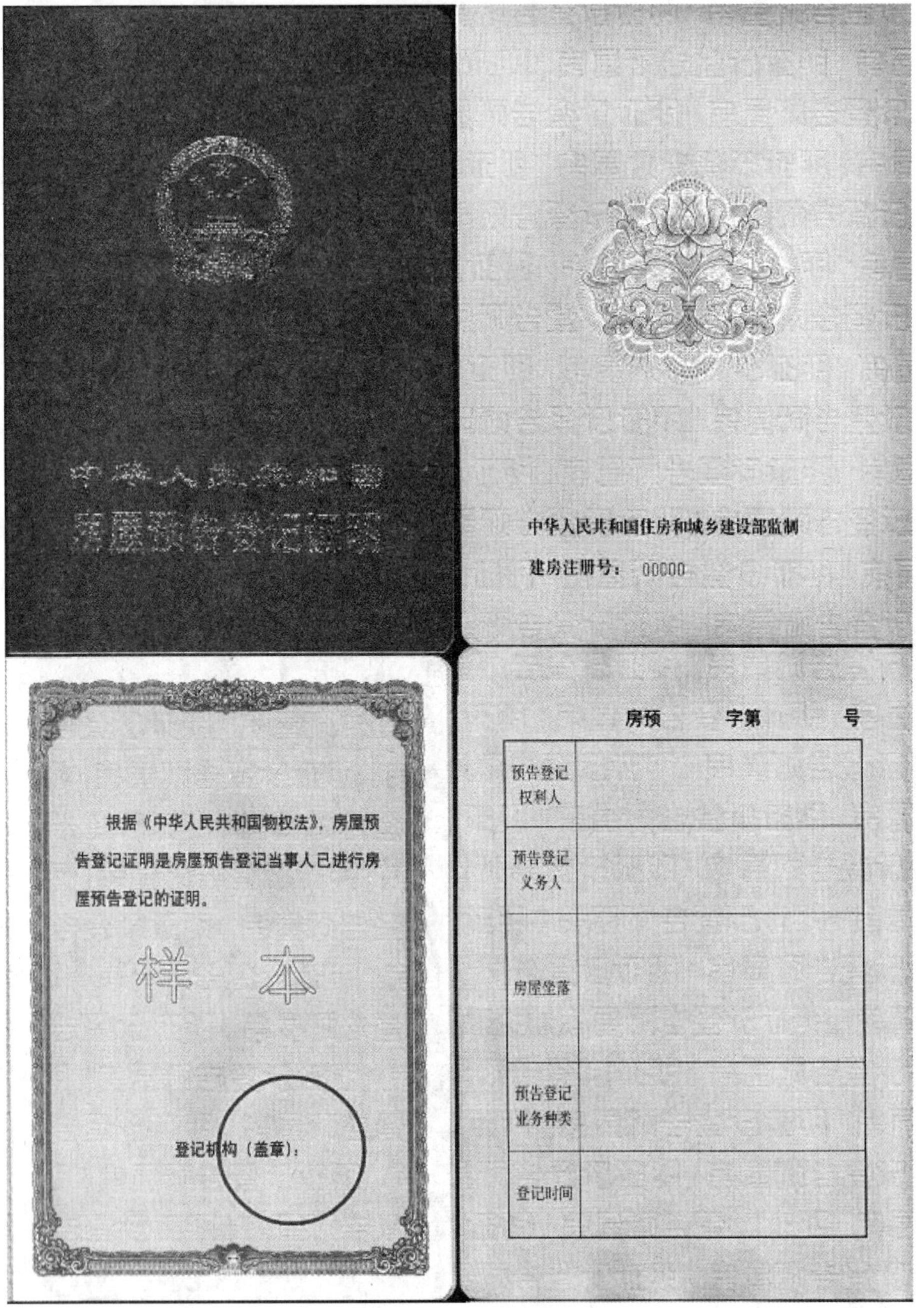
中华人民共和国
房屋预告登记证明
中华人民共和国住房和城乡建设部监制
建房注册号： 00000
根据《中华人民共和国物权法》，房屋预告登记证明是房屋预告登记当事人已进行房屋预告登记的证明。
样 本
登记机构（盖章）：
房预 字第 号
预告登记权利人
预告登记义务人
房屋坐落
预告登记业务种类
登记时间

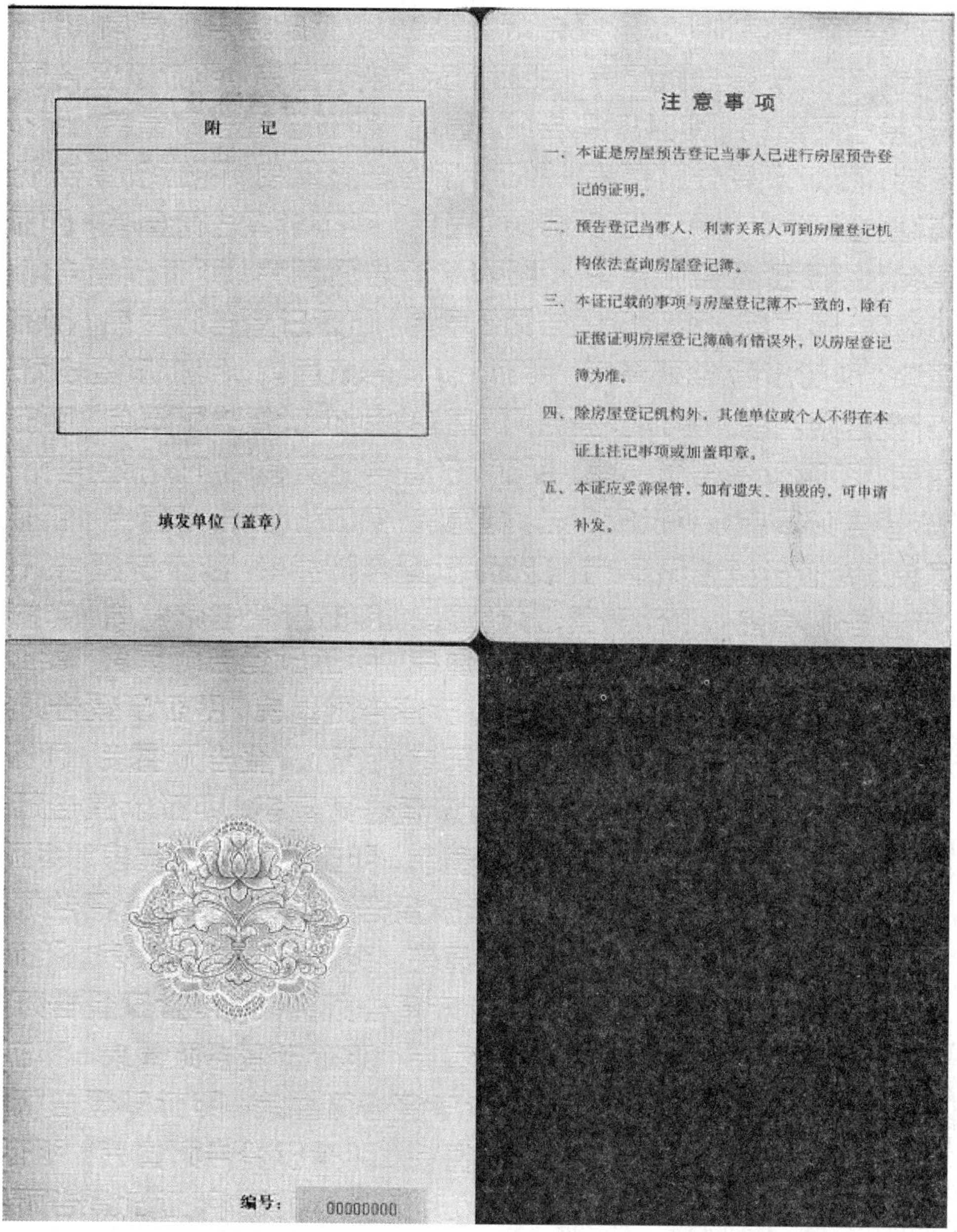
附　　记

填发单位（盖章）

注 意 事 项

一、本证是房屋预告登记当事人已进行房屋预告登记的证明。

二、预告登记当事人、利害关系人可到房屋登记机构依法查询房屋登记簿。

三、本证记载的事项与房屋登记簿不一致的，除有证据证明房屋登记簿确有错误外，以房屋登记簿为准。

四、除房屋登记机构外，其他单位或个人不得在本证上注记事项或加盖印章。

五、本证应妥善保管，如有遗失、损毁的，可申请补发。

编号：00000000

5. 在建工程抵押登记证明

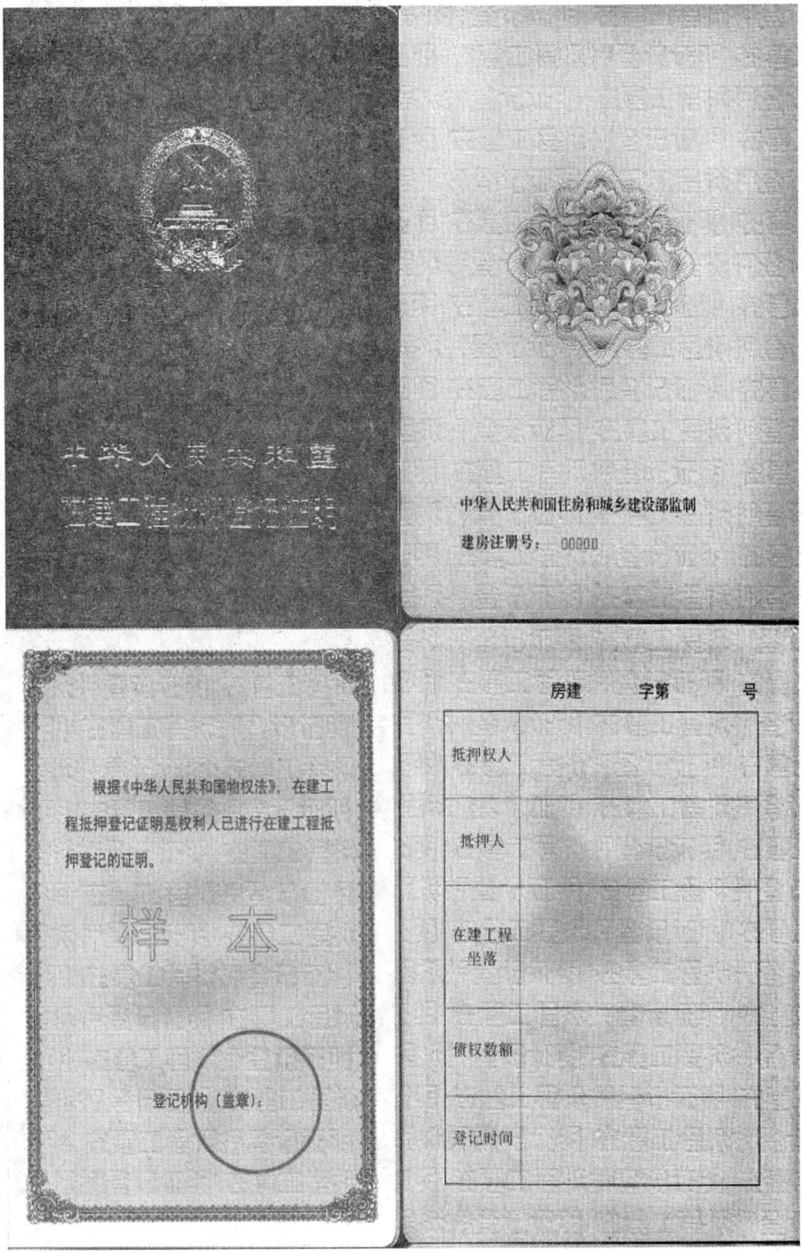

附　记

填发单位（盖章）

注意事项

一、本证是在建工程抵押权人享有抵押权的证明。

二、在建工程抵押权人、利害关系人可到房屋登记机构依法查询房屋登记簿。

三、本证记载的事项与房屋登记簿不一致的，除有证据证明房屋登记簿确有错误外，以房屋登记簿为准。

四、除房屋登记机构外，其他单位或个人不得在本证上注记事项或加盖印章。

五、本证应妥善保管，如有遗失、损毁的，可申请补发。

编号：00000000

6. 现行不动产权证书

中华人民共和国

不动产权证书

根据《中华人民共和国物权法》等法律法规，为保护不动产权利人合法权益，对不动产权利人申请登记的本证所列不动产权利，经审查核实，准予登记，颁发此证。

登记机构（章）

年 月 日

中华人民共和国国土资源部监制

编号 NO.　D00000000000

____（　）____不动产权第　　　号

权利人	
共有情况	
坐落	
不动产单元号	
权利类型	
权利性质	
用途	
面积	
使用期限	
权利其他状况	

附 记

附 图 页

不动产权证书填写内容：

（1）二维码。登记机构可以在证书上生成二维码，储存不动产登记信息。二维码由登记机构按照规定自行打印。

（2）登记机构（章）及时间。盖登记机构的不动产登记专用章。登记机构为县级以上人民政府依法确定的、负责不动产登记工作的部门，如：××县人民政府确定由该县国土资源局负责不动产登记工作，则该县国土资源局为不动产登记机构，证书加盖“××县国土资源局不动产登记专用章”。填写登簿的时间，格式为××××年××月××日，如2015年03月01日。

（3）编号。即印制证书的流水号，采用字母与数字的组合。字母“D”表示单一版证书。数字一般为11位。数字前2位为省份代码，北京11、天津12、河北13、山西14、内蒙古15、辽宁21、吉林22、黑龙江23、上海31、江苏32、浙江33、安徽34、福建35、江西36、山东37、河南41、湖北42、湖南43、广东44、广西45、海南46、重庆50、四川51、贵州52、云南53、西藏54、陕西61、甘肃62、青海63、宁夏64、新疆65。国家10，用于国务院国土资源主管部门的登记发证。数字后9位为证书印制的顺序码，码值为000000001～999999999。

（4）不动产权证书号。A（B）C不动产权第D号“A”处填写登记机构所在省区市的简称。“B”处填写登记年度。“C”处一般填写登记机构所在市县的全称，特殊情况下，可根据实际情况使用简称，但应确保在省级范围内不出现重名；“D”处是年度发证的顺序号，一般为7位，码值为0000001～9999999。如苏（2015）徐州市不动产权第0000001号、苏（2015）睢宁县不动产权第0000001号。国务院国土资源主管部门登记的，“A”处填写“国”。“B”处填写登记年度。“C”处填写“林”或者“海”。“D”处是年度发证的顺序号，一般为7位，码值为0000001～9999999。

（5）权利人。填写不动产权利人的姓名或名称。共有不动产，发一本证书的，权利人填写全部共有人，“权利其他状况”栏记载持证人；共有人分别持证的，权利人填写持证人，其余共有人在“权利其他状况”栏记载。

（6）共有情况。填写单独所有、共同共有或者按份共有的比例。涉及房屋、构筑物的，填写房屋、构筑物的共有情况。

（7）坐落。填写宗地所在地的地理位置名称。涉及地上房屋的，填写有关部门依法确定的房屋坐落，一般包括街道名称、门牌号、幢号、楼层号、房号等。

（8）不动产单元号。填写不动产单元的编号。

（9）权利类型。根据登记簿记载的内容，填写不动产权利名称。涉及两种的，用“/”分开（“/”由登记机构自行打印）。如：①集体土地所有权；②国家土地所有权；③国有建设用地使用权；④国有建设用地使用权/房屋（构筑物）所有权；⑤宅基地使用权；⑥宅基地使用权/房屋（构筑物）所有权；⑦集体建设用地使用权；⑧集体建设用地使用权/房屋（构筑物）所有权等。

（10）权利性质。国有土地填写划拨、出让、作价出资（入股）、国有土地租赁、授权经营等；集体土地填写家庭承包、其他方式承包、批准拨用、入股、联营等。土地所有权不填写。房屋按照商品房、房改房、经济适用住房、廉租住房、自建房等房屋性质填写。构筑物按照构筑物类型填写。涉及两种的，用“/”分开（“/”由登记机构自行打印）。

（11）用途。土地按《土地利用现状分类》填写二级分类，海域按《海域使用分类体系》填写用海类型二级分类。房屋、构筑物填写规划用途。涉及两种的，用“/”分开（“/”由登记机构自行打印）。

（12）面积。填写登记簿记载的不动产单元面积。涉及宗地及房屋、构筑物的，用“/”分开（“/”由登记机构自行打印），分别填写宗地及房屋、构筑物的面积。土地共有的，填写宗地面积。共同共有人和按份共有人及其比例（共有的宗地，填写相应的使用权面积；建筑物区分所有权房屋和共有土地上建筑的房屋，填写独用土地面积与分摊土地面积加总后的土地使用面积）等共有情况在“权利其他状况”栏记载。

（13）使用期限。填写具体不动产权利的使用起止时间，如××××年××月××日起××××年××月××日止。涉及地上房屋、构筑物的，填写土地使用权的起止日期。土地所有权以及未明确权利期限的可以不填。

（14）权利其他状况。根据不同的不动产权利类型，可以分别土地所有权、房屋所有权。房屋结构：按照钢结构、钢和钢筋混凝土结构、钢筋混凝土结构、混合结构、砖木结构、其他结构等六类填写。房屋总层数和所在层：记载房屋所在建筑物的总层数和所在层。

（15）附记。记载设定抵押权、地役权、查封等权利限制或提示事项以及其他需要登记的事项。

（16）附图页。反映不动产界址及四至范围的示意图形，不一定依照比例尺。附图应当打印，暂不具备条件的，可以粘贴。房地一体登记的，附图页要同时打印或粘贴宗地图和房地产平面图。

7. 现行不动产登记证明

不动产登记证明

根据《中华人民共和国物权法》等法律法规，为保护申请人合法权益，对申请人申请登记的本证明所列不动产权利或登记事项，经审查核实，准予登记，颁发此证明。

登记机构（章）

年 月 日

____（ ）____不动产证明第 号

证明权利或事项	
权利人(申请人)	
义务人	
坐落	
不动产单元号	
其他	
附记	

不动产登记证明填写内容：①证明权利或事项。填写抵押权、地役权或者预告登记、异议登记等事项。②权利人（申请人）。抵押权、地役权或者预告登记，填写权利人姓名或名称。异议登记，填写申请人姓名或名称。③义务人。填写抵押人、供役地权利人或者预告登记的义务人的姓名或名称。异议登记的，可以不填写。④坐落。填写不动产单元所在宗地、宗海的地理位置名称。涉及地上房屋的，填写有关部门依法确定的房屋坐落，一般包括街道名称、门牌号、幢号、楼层号、房号等。⑤不动产单元号。填写不动产单元的编号。⑥其他。根据不同的不动产登记事项，分别填写以下内容：抵押权，不动产权证书号；抵押的方式和担保债权的数额。地役权，供役地的不动产权证书号；需役地的坐落；地役权的内容。预告登记，已有的不动产权证书号和预告登记的种类。异议登记，异议登记的内容。⑦附记。记载其他需要填写的事项。

（三）不动产权属状况核验

1. 不动产转移登记权属状况核验

核验要点包括：①所有权归属情况。所有权是否为共有。属共有的，必须经共有人书面同意。②房屋性质。是否是限制出售的经济适用住房、央产房等。按照政策规定，购买经济适用住房不满5年，不得直接上市交易。③抵押情况。房屋是否已抵押。抵押的房屋转让，需抵押权人书面同意。④预告登记情况。在预告登记生效期间，需经预告登记的权利人书面同意。⑤异议登记情况。在异议登记期间，不动产登记簿上记载的权利人以及第三人因处分权利申请登记的，房地产经纪人员应当书面告知该权利已经存在异议登记的有关事项。委托人申请继续办理的，应当要求委托人提供知悉异议登记存在并自担风险的书面承诺。⑥查封情况。不动产在查封期间，不能办理转移登记。⑦出租情况。如租赁期内，承租人是否放弃了优先购买权。

2. 不动产抵押权登记权属状况核验

核验要点包括：①所有权归属情况。所有权是否为共有。属共有的，必须经共有人书面同意。②房屋性质。是否是限制或禁止抵押的廉租住房、学校等。③预告登记情况。在预告登记生效期间，需经预告登记的权利人书面同意。④异议登记情况。在异议登记期间，不动产登记簿上记载的权利人以及第三人因处分权利申请登记的，房地产经纪人员应当书面告知该权利已经存在异议登记的有关事项。委托人申请继续办理的，应当要求委托人提供知悉异议登记存在并自担风险的书面承诺。⑤查封情况。不动产在查封期间，不能办理抵押权登记。⑥出租情况。如在租赁期内，抵押人是否将已出租情况告知抵押权人。

三、不动产登记代办收费

房地产经纪服务实行明码标价制度。房地产经纪机构应当遵守价格相关的法律法规，在经营场所醒目位置标明房地产经纪服务项目、服务内容、收费标准等。房地产登记代办费用，应当在房地产经纪合同或委托代办合同中明确约定。房地产登记代办费用不应包括应由委托人缴纳的各种税费。房地产经纪人员应将代委托人缴纳的各种税费缴款凭证、发票交给委托人，据实结算。

复 习 思 考 题

1. 个人住房抵押贷款代办服务的流程是怎样的？
2. 个人住房抵押贷款代办服务包括哪些内容？
3. 不动产登记代办服务前期核验的内容有哪些？
4. 不动产登记代办服务的流程是怎样的？
5. 常见的土地、房屋权属证书有哪几类，如何识别其真伪？

附录一

房地产经纪执业规则（2013 版）

第一条 为加强对房地产经纪机构和人员的自律管理，规范房地产经纪行为，保证房产经纪服务质量，保障房地产交易者的合法权益，维护房地产市场秩序，促进房地产经纪行业健康发展，根据《中华人民共和国城市房地产管理法》《房地产经纪管理办法》等法律法规的规定，制定本规则。

第二条 本规则是房地产经纪机构和人员从事房地产经纪活动的基本指引，是社会大众评判房地产经纪机构和人员执业行为的参考标准，是房地产经纪行业组织对房地产经纪机构和人员进行自律管理的主要依据。

第三条 本规则有关术语定义如下：

（一）房地产经纪，是指房地产经纪机构和人员为促成房地产交易，向委托人提供房地产代理、居间等服务并收取佣金的行为。

（二）房地产经纪机构，是指依法设立，从事房地产经纪活动的中介服务机构。

（三）房地产经纪人员，是指从事房地产经纪活动的房地产经纪人和房地产经纪人协理。房地产经纪人在房地产经纪机构中执行房地产经纪业务；房地产经纪人协理在房地产经纪机构中协助房地产经纪人执行房地产经纪业务。

（四）房地产经纪人，是指通过全国房地产经纪人资格考试或者资格互认，依法取得房地产经纪人资格，并经过注册，从事房地产经纪活动的专业人员。

（五）房地产经纪人协理，是指通过房地产经纪人协理资格考试，依法取得房地产经纪人协理资格，并经过注册，在房地产经纪人的指导下，从事房地产经纪活动的协助执行人员。

（六）房地产代理，是指房地产经纪机构按照房地产经纪服务合同约定，以委托人的名义与第三人进行房地产交易，并向委托人收取佣金的行为。

（七）房地产居间，是指房地产经纪机构按照房地产经纪服务合同约定，向委托人报告订立房地产交易合同的机会或者提供订立房地产交易合同的媒介服务，并向委托人收取佣金的行为。

（八）房地产经纪服务合同，是指房地产经纪机构和委托人之间就房地产经纪服务事宜订立的协议，包括房屋出售经纪服务合同、房屋出租经纪服务合同、房屋承购经纪服务合同和房屋承租经纪服务合同等。

（九）房地产经纪服务，是指房地产经纪机构和人员为促成房地产交易，向委托人提供的相关服务，包括提供房源、客源、价格等信息，实地查看房地产，代拟房地产交易合同等。

（十）独家代理，是指委托人仅委托一家房地产经纪机构代理房地产交易事宜。

（十一）佣金，是指房地产经纪机构向委托人提供房地产经纪服务，按照房地产经纪服务合同约定，向委托人收取的服务费用。

（十二）差价，是指通过房地产经纪促成的交易中，房地产出售人（出租人）得到的价格（租金）低于房地产承购人（承租人）支付的价格（租金）的部分。

第四条　房地产经纪人员应当认识到房地产经纪的必要性及其在保障房地产交易安全、促进交易公平、提高交易效率、降低交易成本、优化资源配置、提高人民居住水平等方面的重要作用，应当具有职业自信心、职业荣誉感和职业责任感。

第五条　房地产经纪机构和人员从事房地产经纪活动，应当遵守法律、法规、规章，恪守职业道德，遵循自愿、平等、公平和诚实信用的原则。

第六条　房地产经纪机构和人员应当勤勉尽责，以向委托人提供规范、优质、高效的专业服务为己任，以促成合法、安全、公平的房地产交易为使命。

第七条　房地产经纪机构和人员在执行代理业务时，在合法、诚信的前提下，应当维护委托人的权益；在执行居间业务时，应当公平正直，不偏袒交易双方中任何一方。

第八条　房地产经纪机构应当成为学习型企业，加强对房地产经纪人员的职业道德教育和业务培训，鼓励和支持房地产经纪人员参加继续教育活动，督促其不断增长专业知识，提高专业胜任能力，维护良好的社会形象。

第九条　房地产经纪机构应当关心房地产经纪人员的成长和发展，营造人文关怀的企业文化，吸引和留住优秀人才。

倡导房地产经纪机构和人员积极参加社会公益活动，勇于承担社会责任。

第十条　房地产经纪机构之间、房地产经纪人员之间，应当相互尊重，公平竞争，共同营造良好的执业环境，建立优势互补、信息资源共享、合作共赢的和谐发展关系。

第十一条　房地产经纪机构及其分支机构应当在其经营场所醒目位置公示下列内容：

（一）营业执照和备案证明文件；

（二）服务项目、服务内容和服务标准；

（三）房地产经纪业务流程；

（四）收费项目、收费依据和收费标准；

（五）房地产交易资金监管方式；

（六）房地产经纪信用档案查询方式、投诉电话及12358价格举报电话；

（七）建设（房地产）主管部门或者房地产经纪行业组织制定的房地产经纪服务合同、房屋买卖合同、房屋租赁合同示范文本；

（八）法律、法规、规章规定应当公示的其他事项。

分支机构还应当公示设立该分支机构的房地产经纪机构的经营地址及联系方式。

房地产经纪机构代理销售商品房项目的，还应当在销售现场醒目位置公示商品房销售委托书和批准销售商品房的有关证明文件。

房地产经纪机构及其分支机构公示的内容应当真实、完整、清晰。

第十二条　房地产经纪人员在执行业务时，应当佩戴标有其姓名、注册号、执业单位和照片等内容的胸牌（卡），注重仪表、礼貌待人，维护良好的职业形象。

第十三条　房地产经纪业务应当由房地产经纪机构统一承接。分支机构应当以设立该分支机构的房地产经纪机构名义承接业务。房地产经纪人员不得以个人名义承接房地产经纪业务。

第十四条　房地产经纪机构和人员不得利用虚假的房源、客源、价格等信息引诱客户，不得采取胁迫、恶意串通、阻断他人交易、恶意挖抢同行房源客源、恶性低收费、帮助当事人规避交易税费、贬低同行、虚假宣传等不正当手段招揽、承接房地产经纪业务。

房地产经纪机构和人员未经信息接收者、被访者同意或者请求，或者信息接收者、被访者明确表示拒绝的，不得向其固定电话、移动电话或者个人电子邮箱发送房源、客源信息，不得拨打其电话、上门推销房源、客源或者招揽业务。

房地产经纪机构和人员采取在经营场所外放置房源信息展板、发放房源信息传单等方式招揽房地产经纪业务，应当符合有关规定，并不得影响或者干扰他人正常生活，不得有损房地产经纪行业形象。

第十五条　房地产经纪机构和人员不得招揽、承办下列业务：

（一）法律法规规定不得交易的房地产和不符合交易条件的保障性住房的经纪业务；

（二）违法违规或者违背社会公德、损害公共利益的房地产经纪业务；

（三）明知已由其他房地产经纪机构独家代理的经纪业务；

（四）自己的专业能力难以胜任的房地产经纪业务。

第十六条　房地产经纪机构承接房地产经纪业务，应当与委托人签订书面房地产经纪服务合同。

房地产经纪服务合同应当优先选用建设（房地产）主管部门或者房地产经纪行业组织制定的示范文本；不选用的，应当经委托人书面同意。

房地产经纪机构承接代办房地产贷款、代办房地产登记等其他服务，应当与委托人另行签订服务合同。

第十七条　房地产经纪机构与委托人签订房地产经纪服务合同，应当向委托人说明房地产经纪服务合同和房地产交易合同的相关内容，并书面告知下列事项：

（一）是否与委托房地产有利害关系；

（二）应当由委托人协助的事宜、提供的资料；

（三）委托房地产的市场参考价格；

（四）房地产交易的一般程序及可能存在的风险；

（五）房地产交易涉及的税费；

（六）房地产经纪服务的内容及完成标准；

（七）房地产经纪服务收费标准和支付时间；

（八）其他需要告知的事项。

房地产经纪机构根据交易当事人需要提供房地产经纪服务以外的其他服务的，应当向委托人说明服务内容、收费标准等情况，并经交易当事人书面同意。

书面告知材料应当经委托人签名（盖章）确认。

第十八条　房地产经纪机构与委托人签订房屋出售、出租经纪服务合同，应当查看委托人的身份证明、委托出售或者出租房屋的权属证明和房屋所有权人的身份证明等有关资料，实地查看房屋并编制房屋状况说明书。

房地产经纪机构与委托人签订房屋承购、承租经纪服务合同，应当查看委托人的身份证明等有关资料，了解委托人的购买资格，询问委托人的购买（租赁）意向，包括房屋的用途、区位、价位（租金水平）、户型、面积、建成年份或新旧程度等。

房地产经纪机构和人员应当妥善保管委托人提供的资料以及房屋钥匙等

物品。

第十九条　房地产经纪机构对每宗房地产经纪业务，应当选派或者由委托人选定注册在本机构的房地产经纪人员为承办人，并在房地产经纪服务合同中载明。

第二十条　房地产经纪服务合同应当由承办该宗经纪业务的一名房地产经纪人或者两名房地产经纪人协理签名，并加盖房地产经纪机构印章。

第二十一条　房地产经纪机构和人员不得在自己未提供服务的房地产经纪服务合同等业务文书上盖章、签名，不得允许其他单位或者个人以自己的名义从事房地产经纪业务，不得以其他单位或者个人的名义从事房地产经纪业务。

第二十二条　房地产经纪机构和人员对外发布房源信息，应当经委托人书面同意；发布的房源信息中，房屋应当真实存在，房屋状况说明应当真实、客观，挂牌价应当为委托人的真实报价并标明价格内涵。

第二十三条　房地产经纪机构和人员不得捏造、散布虚假房地产市场信息，不得操控或者联合委托人操控房价、房租，不得鼓动房地产权利人提价、提租，不得与房地产开发经营单位串通捂盘惜售、炒卖房号。

第二十四条　房地产经纪人员应当根据委托人的意向，及时、全面、如实向委托人报告业务进行过程中的订约机会、市场行情变化及其他有关情况，不得对委托人隐瞒与交易有关的重要事项；应当及时向房地产经纪机构报告业务进展情况，不得在脱离、隐瞒、欺骗房地产经纪机构的情况下开展经纪业务。

第二十五条　房地产经纪人员应当凭借自己的专业知识和经验，尽职调查标的房地产状况，如实向承购人（承租人）告知所知悉的真实、客观、完整的标的房地产状况，不得隐瞒所知悉的标的房地产的瑕疵，并应当协助其对标的房地产进行查验。

第二十六条　房地产经纪机构和人员不得诱骗或者强迫当事人签订房地产交易合同，不得阻断或者搅乱同行提供经纪服务的房地产交易，不得承购或者承租自己提供经纪服务的房地产，不得将自己的房地产出售或者出租给自己提供经纪服务的委托人。

第二十七条　房地产经纪机构和人员应当向交易当事人宣传、说明国家实行房地产成交价格申报制度，如实申报成交价格是法律规定；不得为交易当事人规避房地产交易税费、多贷款等目的，就同一房地产签订不同交易价款的合同提供便利；不得为交易当事人骗取购房资格提供便利；不得采取假赠与、假借公证委托售房等手段规避国家相关规定。

第二十八条　房地产经纪机构和人员应当严格遵守房地产交易资金监管规

定，保障房地产交易资金安全，不得侵占、挪用或者拖延支付客户的房地产交易资金。

房地产经纪机构按照交易当事人约定代收代付交易资金的，应当通过房地产经纪机构在银行开设的客户交易结算资金专用存款账户划转交易资金。交易资金的划转应当经过房地产交易资金支付方和房地产经纪机构的签字和盖章。

第二十九条　房地产经纪机构和人员不得在隐瞒或者欺骗委托人的情况下，向委托人推荐使用与自己有直接利益关系的担保、估价、保险、金融等机构的服务。

第三十条　佣金等服务费用应当由房地产经纪机构统一收取。房地产经纪人员不得以个人名义收取费用。

房地产经纪机构不得收取任何未予标明或者服务合同约定以外的费用；在未对标的房屋进行装饰装修、增配家具家电等投入的情况下，不得以低价购进（租赁）、高价售出（转租）等方式赚取差价；不得利用虚假信息骗取中介费、服务费、看房费等费用。

第三十一条　房地产经纪机构未完成房地产经纪服务合同约定的事项，或者服务未达到房地产经纪服务合同约定标准的，不得收取佣金；但因委托人原因导致房地产经纪服务未完成或未达到约定标准的，可以按照房地产服务合同约定，要求委托人支付从事经纪服务已支出的必要费用。

第三十二条　房地产经纪机构转让或者与其他房地产经纪机构合作开展经纪业务的，应当经委托人书面同意。

两家或者两家以上房地产经纪机构合作开展同一宗房地产经纪业务的，只能按照一宗业务收取佣金；合作的房地产经纪机构应当根据合作双方约定分配佣金。

第三十三条　房地产经纪机构和人员对已成交或者超过委托期限的房源信息，应当及时予以标注，或者从经营场所、网站等信息发布渠道撤下。

第三十四条　房地产经纪机构应当建立健全业务记录制度。执行业务的房地产经纪人员应当如实全程记录业务执行情况及发生的费用等，形成房地产经纪业务记录。

第三十五条　房地产经纪机构应当妥善保存房地产经纪服务合同和其他服务合同、房地产交易合同、房屋状况说明书、房地产经纪业务记录、业务交接单据、原始凭证等房地产经纪业务相关资料。

房地产经纪服务合同等房地产经纪业务相关资料的保存期限不得少于 5 年。

第三十六条　房地产经纪机构和人员应当保守在执业活动中知悉的当事人的

当事人的商业秘密，不得泄露个人隐私；应当妥善保管委托人的信息及其提供的资料，未经委托人同意，不得擅自将其公开、泄露或者出售给他人。

第三十七条　房地产经纪机构应当建立房地产经纪纠纷投诉处理机制，及时妥善处理房地产交易当事人与房地产经纪人员的纠纷。

第三十八条　房地产经纪机构应当建立健全各项内部管理制度，加强内部管理，规范自身执业行为，指导、督促房地产经纪人员及相关辅助人员认真遵守本规则。

房地产经纪机构依法对房地产经纪人员的执业行为承担责任，发现房地产经纪人员的违法违规行为应当进行制止并采取必要的补救措施。

第三十九条　本规则由中国房地产估价师与房地产经纪人学会负责解释。

第四十条　本规则自 2013 年 3 月 1 日起施行。2006 年 10 月 31 日发布的《房地产经纪执业规则》（中房学〔2006〕15 号）同时废止。

附录二

房地产经纪业务相关文书（范本）

一、钥匙保管书

钥 匙 保 管 书

房屋坐落：____

委托人姓名（名称）：____________代理人姓名（名称）：__________________

身份证号（有效证件号）：_________身份证号（有效证件号）：_______________

联系方式：__________________联系方式：_______________________________。

现将该套房屋钥匙____套（共____把）委托给________________ 公司保管，以便于房地产经纪人员带客户看房。________________ 公司将保证妥善保管该房屋钥匙。保管期限至____。

房 屋 物 品 清 单

房屋坐落：					
电器名称	品牌	数量	家具名称	品牌	数量
电视			衣柜		
冰箱			床		
油烟机			椅子		
洗衣机			餐桌		
空调			沙发		
…			…		
…			…		
…			…		

二、授权委托书

授 权 委 托 书

今委托________（身份证号码：_____________）为我（单位）的代理人，全权代表我（单位）办理坐落于___________________________房屋的登记事项。

初始登记□　　　　转移登记□　　　　变更登记□

注销登记□　　　　抵押登记□　　　　补证、换证登记□

我（单位）对代理人依规定办理的有关登记事宜均承担法律责任。

__________________系我单位法定代表（负责人）。

委托人（盖章、签名）：

受托人（签名）：

受托日期：　　年　月　日

附注：委托人是法人或其他组织的，应加盖公章并由法定代表人或负责人签字。

受托人联系地址：____

联系电话：____

三、定金收据

定　金　收　据

本人_______________（身份证号码：_______________）系房屋的所有权人，现收到_______________（身份证号码：_______________）交来用于购买本人位于____________________房屋的购房定金人民币（大写）_______________（小写）￥____元。

经买卖双方协商一致同意，如买方违约，此定金不予退还。如卖方违约，应按此定金金额的双倍返还给买方。

收款人（签章、加手印）：

日期：　　年　月　日

附录三

房地产经纪服务合同推荐文本（2017版）

一、房屋出售经纪服务合同

房屋出售委托人（甲方）：______________________________

【身份证号】【护照号】【营业执照注册号】【统一社会信用代码】【________】：______________________________

【住址】【住所】：______________________________

联系电话：______________________________

代理人：______________________________

【身份证号】【护照号】【________】：______________________________

住址：______________________________

联系电话：______________________________

房地产经纪机构（乙方）：______________________________

【法定代表人】【执行合伙人】：______________________________

【营业执照注册号】【统一社会信用代码】：______________________________

房地产经纪机构备案证明编号：______________________________

住所：______________________________

联系电话：______________________________

根据《中华人民共和国合同法》《中华人民共和国城市房地产管理法》《房地产经纪管理办法》等法律法规，甲乙双方遵循自愿、公平、诚信原则，经协商，就甲方委托乙方提供房屋出售经纪服务达成如下合同条款。

第一条 房屋基本状况

委托出售的房屋（以下称房屋）【不动产权证书号】【房屋所有权证号】【________】：____________________；

房屋坐落：______________________________；

规划用途：【住宅】【商业】【办公】【__________】；

房屋权利凭证记载【建筑面积】【套内建筑面积】【____】：____平方米；

户型：____室____厅____厨____卫；朝向：____________________；

所在楼层：__________层；地上总层数：__________层；电梯：【有】【无】。

第二条　委托挂牌价格

甲方要求房屋出售的挂牌【总价为__________万元（大写__________万元）】【单价为__________元/平方米（大写__________元/平方米）】。

甲方如果调整挂牌价格，应及时通知乙方。

第三条　经纪服务内容

乙方为甲方提供的房屋出售经纪服务内容包括：

（一）提供相关房地产信息咨询；

（二）办理房屋的房源核验，编制房屋状况说明书；

（三）发布房屋的房源信息，寻找意向购买人；

（四）接待意向购买人咨询和实地查看房屋；

（五）协助甲方与房屋购买人签订房屋买卖合同；

（六）其他：____。

第四条　服务期限和完成标准

经纪服务期限【自____年____月____日起至____年____月____日止】【自本合同签订之日起至甲方与房屋购买人签订房屋买卖合同之日止】【______】。

乙方为甲方提供经纪服务的完成标准为：【在经纪服务期限内，甲方与乙方引见的房屋购买人签订房屋买卖合同】【______________________________】。

第五条　委托权限

（一）在经纪服务期限内，甲方【放弃】【保留】自己出售及委托其他机构出售房屋的权利。（*注：如果勾选【放弃】，则房屋在经纪服务期限内即使不是由乙方出售，甲方仍可能须向乙方支付经纪服务费用。因此，当勾选【放弃】时，甲方应谨慎考虑，并关注本合同第八条的违约责任。*）

（二）甲方【同意】【不同意】在经纪服务期限内将房屋的钥匙交乙方保管，供乙方接待意向购买人实地查看房屋时使用。

第六条　经纪服务费用

（一）乙方达到本合同第四条约定的经纪服务完成标准的，经纪服务费用【全由甲方】【全由房屋购买方】【由甲方与房屋购买方分别】支付。

（二）由甲方支付的经纪服务费用，按【房屋成交总价的____%计收】【房屋成交总价分档计收，分别为：__________】【__________】。支付方式为下列第____种（*注：只可选其中一种*）：

1. 一次性支付，自乙方达到本合同第四条约定的经纪服务完成标准之日起日内，支付经纪服务费用。

2. 分期支付，具体为：____。

3. 其他方式：____。

（三）如果因乙方过错导致房屋买卖合同无法履行的，则甲方无需向乙方支付经纪服务费用。如果甲方已支付的，则乙方应在收到甲方书面退还要求之日起10个工作日内将经纪服务费用退还甲方。

（四）其他：____。

乙方收到经纪服务费用后，应向甲方开具正式发票。

第七条 资料提供和退还

甲方应向乙方提供完成本合同第三条约定的经纪服务内容所需要的相关有效身份证明、不动产权属证书等资料，乙方应向甲方开具规范的收件清单，对甲方提供的资料应妥善保管并负保密义务，除法律法规另有规定外，不得提供给其他任何第三方。乙方完成经纪服务内容后，除归档留存的复印件外，其余的资料应及时退还甲方。

第八条 违约责任

（一）乙方违约责任

1. 乙方在为甲方提供经纪服务过程中应勤勉尽责，维护甲方的合法权益，如果有隐瞒、虚构信息或与他人恶意串通等损害甲方利益的，甲方有权单方解除本合同，乙方应退还甲方已支付的相关款项。如果由此给甲方造成损失的，乙方应承担赔偿责任。

2. 乙方应对经纪活动中知悉的甲方个人隐私和商业秘密予以保密，如果有不当泄露甲方个人隐私或商业秘密的，甲方有权单方解除本合同。如果由此给甲方造成损失的，乙方应承担赔偿责任。

3. 乙方遗失甲方提供的资料原件，给甲方造成损失的，乙方应依法给予甲方经济补偿。

4. 其他：____。

（二）甲方违约责任

1. 甲方故意隐瞒影响房屋交易的重大事项，或提供虚假的房屋状况和相关资料，乙方有权单方解除本合同。如果由此给乙方造成损失的，甲方应承担赔偿责任。

2. 甲方自行与乙方引见的意向购买人签订房屋买卖合同的，应按照【本合同第六条约定的经纪服务费用标准】【__________】向乙方支付经纪服务费用。

3. 甲方放弃自己出售及委托其他机构出售房屋的权利，在本合同约定的经纪服务期限内自行或通过其他机构与第三人签订房屋买卖合同的，应按照【本合同第六条约定的经纪服务费用标准】【__________】向乙方支付经纪服务费用。

4. 其他：____。

（三）逾期支付责任

甲方与乙方之间有付款义务而延迟履行的，应按照逾期天数乘以应付款项的万分之五计算违约金支付给对方，但违约金数额最高不超过应付款总额。

第九条　合同变更和解除

变更本合同条款的，经甲乙双方协商一致，可达成补充协议。补充协议为本合同的组成部分，与本合同具有同等效力，如果有冲突，以补充协议为准。

甲乙双方应严格履行本合同，经甲乙双方协商一致，可签署书面协议解除本合同。如果任何一方单方解除本合同，应书面通知对方。因解除本合同给对方造成损失的，除不可归责于己方的事由和本合同另有约定外，应赔偿对方损失。

第十条　争议处理

因履行本合同发生争议，甲乙双方协商解决。协商不成的，可由当地房地产经纪行业组织调解。不接受调解或调解不成的，【提交________仲裁委员会仲裁】【依法向房屋所在地人民法院起诉】【__________________________】。

第十一条　合同生效

本合同一式______份，其中甲方______份、乙方______份，具有同等效力。

本合同自甲乙双方签订之日起生效。

甲方（签章）：______________　　甲方代理人（签章）：____________

乙方（签章）：______________

房地产经纪人/协理（签名）：____________　　证书编号：__________

房地产经纪人/协理（签名）：____________　　证书编号：__________

联系电话：__________________

签订日期：　　　年　　月　　日

附件

1. 房屋所有权人及其代理人（有代理人的）的有效身份证明复印件。

2. 房屋的不动产权证书或房屋所有权证或其他房屋来源证明复印件。

3. 房屋所有权人出具的合法的授权委托书（代理人办理房屋出售事宜的）。

4. 公司章程、公司的权力机构审议同意出售房屋的合法书面文件（房屋属于有限责任公司、股份有限公司所有的）。

5. 房屋共有权人同意出售房屋的书面证明（房屋属于共有的）。

6. 房屋承租人放弃房屋优先购买权的书面声明、房屋租赁合同（房屋已出租的）。

二、房屋购买经纪服务合同

房屋购买委托人（甲方）：______________________________

【身份证号】【护照号】【营业执照注册号】【统一社会信用代码】【____________】：______________________________

【住址】【住所】：______________________________

联系电话：______________________________

代理人：______________________________

【身份证号】【护照号】【________】：

住址：______________________________

联系电话：______________________________

房地产经纪机构（乙方）：______________________________

【法定代表人】【执行合伙人】：______________________________

【营业执照注册号】【统一社会信用代码】：______________________________

房地产经纪机构备案证明编号：______________________________

住所：______________________________

联系电话：______________________________

根据《中华人民共和国合同法》《中华人民共和国城市房地产管理法》《房地产经纪管理办法》等法律法规，甲乙双方遵循自愿、公平、诚信原则，经协商，就甲方委托乙方提供房屋购买经纪服务达成如下合同条款。

第一条 房屋需求基本信息

规划用途：【住宅】【商业】【办公】【____________】；

所在区域：______________________________；

建筑面积：______ 平方米至______平方米；

户型：____室____厅____厨____卫；朝向：【南北通透】【不要全朝北】【不限】【____________________】；

电梯：【有】【无】【不限】；

价格范围：【总价__________万元至__________万元】；

【单价__________元/平方米至__________元/平方米】；

付款方式：【全款支付】【商业贷款】【公积金贷款】【组合贷款】；

其他要求：____。

甲方如果变更房屋需求信息，应及时通知乙方。

第二条　经纪服务内容

乙方为甲方提供的房屋购买经纪服务内容包括：

（一）提供相关房地产信息咨询；

（二）寻找符合甲方要求的房屋和带领甲方实地查看；

（三）协助甲方查验房屋出售人身份证明和房屋产权状况；

（四）协助甲方办理购房资格核验；

（五）协助甲方与房屋出售人签订房屋买卖合同；

（六）其他：____。

第三条　服务期限和完成标准

经纪服务期限【自______年______月______日起至______年______月______日止】【自本合同签订之日起至甲方与房屋出售人签订房屋买卖合同之日止】【_______】。

乙方为甲方提供经纪服务的完成标准为：【在经纪服务期限内，甲方与乙方引见的房屋出售人签订房屋买卖合同】【______________________________】。

第四条　经纪服务费用

（一）乙方达到本合同第三条约定的经纪服务完成标准的，经纪服务费用【全由甲方】【全由房屋出售方】【由甲方和房屋出售方分别】支付。

（二）由甲方支付的经纪服务费用，按【房屋成交总价的______%计收】【房屋成交总价分档计收，分别为：_____________】【_________】。支付方式为下列第____种（*注：只可选其中一种*）：

1. 一次性支付，自乙方达到本合同第三条约定的经纪服务完成标准之日起日内，支付经纪服务费用。

2. 分期支付，具体为：____。

3. 其他方式：____。

（三）如果因乙方过错导致房屋买卖合同无法履行的，则甲方无需向乙方支付经纪服务费用。如果甲方已支付的，则乙方应在收到甲方书面退还要求之日起10个工作日内将经纪服务费用退还甲方。

（四）其他：____。

乙方收到经纪服务费用后，应向甲方开具正式发票。

第五条 资料提供和退还

甲方应向乙方提供完成本合同第二条约定的经纪服务内容所需要的相关有效身份证明等资料，乙方应向甲方开具规范的收件清单，对甲方提供的资料应妥善保管并负保密义务，除法律法规另有规定外，不得提供给其他任何第三方。乙方完成经纪服务内容后，除归档留存的复印件外，其余的资料应及时退还甲方。

第六条 违约责任

（一）乙方违约责任

1. 乙方在为甲方提供经纪服务过程中应勤勉尽责，维护甲方的合法权益，如果有隐瞒、虚构信息或与他人恶意串通等损害甲方利益的，甲方有权单方解除本合同，乙方应退还甲方已支付的相关款项。如果由此给甲方造成损失的，乙方应承担赔偿责任。

2. 乙方应对经纪活动中知悉的甲方个人隐私和商业秘密予以保密，如果有不当泄露甲方个人隐私或商业秘密的，甲方有权单方解除本合同。如果由此给甲方造成损失的，乙方应承担赔偿责任。

3. 乙方遗失甲方提供的资料原件，给甲方造成损失的，乙方应依法给予甲方经济补偿。

4. 其他：____。

（二）甲方违约责任

1. 甲方故意隐瞒影响房屋交易的重大事项，或提供虚假的证明等相关资料，乙方有权单方解除本合同。如果由此给乙方造成损失的，甲方应承担赔偿责任。

2. 甲方自行与乙方引见的房屋出售人签订房屋买卖合同的，应按照【本合同第四条约定的经纪服务费用标准】【________】向乙方支付经纪服务费用。

3. 甲方泄露由乙方提供的房屋出售人资料，给乙方、房屋出售人造成损失的，应依法承担赔偿责任；

4. 其他：____。

（三）逾期支付责任

甲方与乙方之间有付款义务而延迟履行的，应按照逾期天数乘以应付款项的万分之五计算违约金支付给对方，但违约金数额最高不超过应付款总额。

第七条　合同变更和解除

变更本合同条款的，经甲乙双方协商一致，可达成补充协议。补充协议为本合同的组成部分，与本合同具有同等效力，如果有冲突，以补充协议为准。

甲乙双方应严格履行本合同，经甲乙双方协商一致，可签署书面协议解除本合同。如果任何一方单方解除本合同，应书面通知对方。因解除本合同给对方造成损失的，除不可归责于己方的事由和本合同另有约定外，应赔偿对方损失。

第八条　争议处理

因履行本合同发生争议，甲乙双方协商解决。协商不成的，可由当地房地产经纪行业组织调解。不接受调解或调解不成的，【提交________仲裁委员会仲裁】【依法向房屋所在地人民法院起诉】【________________________________】。

第九条　合同生效

本合同一式______份，其中甲方______份、乙方______份，具有同等效力。本合同自甲乙双方签订之日起生效。

甲方（签章）：______________　　甲方代理人（签章）：____________

乙方（签章）：______________

房地产经纪人/协理（签名）：____________　　证书编号：__________

房地产经纪人/协理（签名）：____________　　证书编号：__________

联系电话：__________________

签订日期：______年____月____日

附件

房屋购买人及其代理人（有代理人的）的有效身份证明复印件。

三、房屋出租经纪服务合同

房屋出租委托人（甲方）：________________________________

【身份证号】【护照号】【营业执照注册号】【统一社会信用代码】【____________】：________________________________

【住址】【住所】：________________________________

联系电话：________________________________

代理人：________________________________

【身份证号】【护照号】【________】：________________________

住址：________________________________

联系电话：________________________________

房地产经纪机构（乙方）：________________________

【法定代表人】【执行合伙人】：________________________

【营业执照注册号】【统一社会信用代码】：________________

房地产经纪机构备案证明编号：________________________

住所：________________________________

联系电话：________________________________

根据《中华人民共和国合同法》《中华人民共和国城市房地产管理法》《房地产经纪管理办法》等法律法规，甲乙双方遵循自愿、公平、诚信原则，经协商，就甲方委托乙方提供房屋出租经纪服务达成如下合同条款。

第一条　房屋基本状况

委托出租的房屋（以下称房屋）【不动产权证书号】【房屋所有权证号】【____________】：________________________________；

房屋坐落：________________________________

规划用途：【住宅】【商业】【办公】【____________】；

房屋权利凭证记载【建筑面积】【套内建筑面积】【____】：______平方米；

户型：______室______厅______厨______卫；朝向：____________；

所在楼层：________层；地上总层数：________层；电梯：【有】【无】。

第二条　房屋出租基本要求

（一）租金和押金

甲方要求房屋出租的挂牌租金为【____元/月（大写____________元/月）】【____________】。租金按【月】【__________】支付，押金为【____个月租金】【________________】。

（二）租赁期限

房屋租赁期限：【不限】【最短______年】【最长______年】【______年至______年】【________________】；房屋最早交付日期：______年______月______日。

（三）出租形式

房屋出租形式：【整套出租】【按间出租】【不限】。

房屋用于居住的，居住人数最多不得超过______人。

（四）其他要求：____。

甲方如果变更房屋出租要求信息，应及时通知乙方。

第三条　经纪服务内容

乙方为甲方提供的房屋出租经纪服务内容包括：

（一）提供相关房地产信息咨询；

（二）编制房屋状况说明书；

（三）发布房屋的房源信息，寻找意向承租人；

（四）接待意向承租人咨询和实地查看房屋；

（五）协助甲方与房屋承租人签订房屋租赁合同；

（六）协助甲方与房屋承租人交接房屋；

（七）其他：____。

第四条　服务期限和完成标准

经纪服务期限【自______年______月______日起至______年______月______日止】【自本合同签订之日起至甲方与房屋承租人签订房屋租赁合同之日止】【________】。

乙方为甲方提供经纪服务的完成标准为：【在经纪服务期限内，甲方与乙方引见的房屋承租人签订房屋租赁合同】【______________________________】。

第五条　委托权限

（一）在经纪服务期限内，甲方【放弃】【保留】自己出租及委托其他机构出租房屋的权利。（*注：如果勾选【放弃】，则房屋在经纪服务期限内即使不是由乙方出租，甲方仍可能须向乙方支付经纪服务费用。因此，当勾选【放弃】时，甲方应谨慎考虑，并关注本合同第八条的违约责任。*）

（二）甲方【同意】【不同意】在经纪服务期限内将房屋的钥匙交乙方保管，供乙方接待意向承租人实地查看房屋时使用。

第六条　经纪服务费用

（一）乙方达到本合同第四条约定的经纪服务完成标准的，经纪服务费用【全由甲方】【全由房屋承租方】【由甲方和房屋承租方分别】支付。

（二）由甲方支付的经纪服务费用，标准为【____个月租金】【__________】。支付方式为下列第______种（*注：只可选其中一种*）：

1. 自【乙方达到本合同第四条约定的经纪服务完成标准之日起______日内】【甲方与房屋承租人完成房屋交接手续之日起______日内】，一次性支付经纪服务费用。

2. 其他方式：____。

（三）如果因乙方过错导致房屋租赁合同无法履行的，则甲方无需向乙方支付经纪服务费用。如果甲方已支付的，则乙方应在收到甲方书面退还要求之日起10 个工作日内将经纪服务费用退还甲方。

（四）其他：____。

乙方收到经纪服务费用后，应向甲方开具正式发票。

第七条　资料提供和退还

甲方应向乙方提供完成本合同第三条约定的经纪服务内容所需要的相关有效身份证明、不动产权属证书等资料，乙方应向甲方开具规范的收件清单，对甲方提供的资料应妥善保管并负保密义务，除法律法规另有规定外，不得提供给其他任何第三方。乙方完成经纪服务内容后，除归档留存的复印件外，其余的资料应及时退还甲方。

第八条　违约责任

（一）乙方违约责任

1. 乙方在为甲方提供经纪服务过程中应勤勉尽责，维护甲方的合法权益，如果有隐瞒、虚构信息或与他人恶意串通等损害甲方利益的，甲方有权单方解除本合同，乙方应退还甲方已支付的相关款项。如果由此给甲方造成损失的，乙方应承担赔偿责任。

2. 乙方应对经纪活动中知悉的甲方个人隐私和商业秘密予以保密，如果有不当泄露甲方个人隐私或商业秘密的，甲方有权单方解除本合同。如果由此给甲方造成损失的，乙方应承担赔偿责任。

3. 乙方遗失甲方提供的资料原件，给甲方造成损失的，乙方应依法给予甲方经济补偿。

4. 其他：____。

（二）甲方违约责任

1. 甲方故意隐瞒影响房屋交易的重大事项，或提供虚假的房屋状况和相关资料，乙方有权单方解除本合同。如果由此给乙方造成损失的，甲方应承担赔偿责任。

2. 甲方自行与乙方引见的意向承租人签订房屋租赁合同的，应按照【本合同第六条约定的经纪服务费用标准】【__________】向乙方支付经纪服务费用。

3. 甲方放弃自己出租及委托其他机构出租房屋的权利，在本合同约定的经纪服务期限内自行或通过其他机构与第三人签订房屋租赁合同的，应按照【本合同第六条约定的经纪服务费用标准】【__________】向乙方支付经纪服务费用。

4. 其他：____。

（三）逾期支付责任

甲方与乙方之间有付款义务而延迟履行的，应按照逾期天数乘以应付款项的万分之五计算违约金支付给对方，但违约金数额最高不超过应付款总额。

第九条　合同变更和解除

变更本合同条款的，经甲乙双方协商一致，可达成补充协议。补充协议为本合同的组成部分，与本合同具有同等效力，如果有冲突，以补充协议为准。

甲乙双方应严格履行本合同，经甲乙双方协商一致，可签署书面协议解除本合同。如果任何一方单方解除本合同，应书面通知对方。因解除本合同给对方造成损失的，除不可归责于己方的事由和本合同另有约定外，应赔偿对方损失。

第十条　争议处理

因履行本合同发生争议，甲乙双方协商解决。协商不成的，可由当地房地产经纪行业组织调解。不接受调解或调解不成的，【提交______仲裁委员会仲裁】【依法向房屋所在地人民法院起诉】【________________________】。

第十一条　合同生效

本合同一式______份，其中甲方______份、乙方______份，具有同等效力。

本合同自甲乙双方签订之日起生效。

甲方（签章）：______________　　甲方代理人（签章）：____________

乙方（签章）：______________

房地产经纪人/协理（签名）：____________　　证书编号：__________

房地产经纪人/协理（签名）：____________　　证书编号：__________

联系电话：__________________

签订日期：______年____月____日

附件

1. 房屋所有权人及其代理人（有代理人的）的有效身份证明复印件。
2. 房屋的不动产权证书或房屋所有权证或其他房屋来源证明复印件。
3. 房屋所有权人出具的合法的授权委托书（代理人办理房屋出租事宜的）。
4. 房屋共有权人同意出租房屋的书面证明（房屋属于共有的）。
5. 房屋所有权人同意转租房屋的证明（房屋转租的）。

四、房屋承租经纪服务合同

房屋承租委托人（甲方）：______________________________

【身份证号】【护照号】【营业执照注册号】【统一社会信用代码】【__________】：______________________________

【住址】【住所】：______________________________

联系电话：______________________________

代理人：______________________________

【身份证号】【护照号】【________】：______________________________

住址：______________________________

联系电话：______________________________

房地产经纪机构（乙方）：______________________________

【法定代表人】【执行合伙人】：______________________________

【营业执照注册号】【统一社会信用代码】：______________________________

房地产经纪机构备案证明编号：______________________________

住所：______________________________

联系电话：______________________________

根据《中华人民共和国合同法》《中华人民共和国城市房地产管理法》《房地产经纪管理办法》等法律法规，甲乙双方遵循自愿、公平、诚信原则，经协商，就甲方委托乙方提供房屋承租经纪服务达成如下合同条款。

第一条 房屋需求基本信息

规划用途：【住宅】【商业】【办公】【__________】；

所在区域：______________________________

建筑面积：______平方米至______平方米；

户型：______室______厅______厨______卫；

朝向：【南北通透】【不要全朝北】【不限】【__________________】；

电梯：【有】【无】【不限】；

租金范围：【________元/月至__________元/月】【________________】；

租赁期限：【____年】【________】；最晚入住日期：______年______月______日；

承租形式：【整套承租】【合租】【不限】；

其他要求：______________________________。

甲方如果变更房屋需求信息，应及时通知乙方。

第二条　经纪服务内容

乙方为甲方提供的房屋承租经纪服务内容包括：

（一）提供相关房地产信息咨询；

（二）寻找符合甲方要求的房屋和带领甲方实地查看；

（三）协助甲方与房屋出租人签订房屋租赁合同；

（四）协助甲方与房屋出租人交接房屋；

（五）其他：____。

第三条　服务期限和完成标准

经纪服务期限【自______年______月______日起至______年______月______日止】【自本合同签订之日起至甲方与房屋出租人签订房屋租赁合同之日止】【________】。

乙方为甲方提供经纪服务的完成标准为：【在经纪服务期限内，甲方与乙方引见的房屋出租人签订房屋租赁合同】【______________________________】。

第四条　经纪服务费用

（一）乙方达到本合同第三条约定的经纪服务完成标准的，经纪服务费用【全由甲方】【全由房屋出租方】【由甲方和房屋出租方分别】支付。

（二）由甲方支付的经纪服务费用，标准为【______个月租金】【________】。支付方式为下列第______种（*注：只可选其中一种*）：

1. 自【乙方达到本合同第三条约定的经纪服务完成标准之日起______日内】【甲方与房屋出租人完成房屋交接手续之日起______日内】，一次性支付经纪服务费用。

2. 其他方式：____。

（三）如果因乙方过错导致房屋租赁合同无法履行的，则甲方无需向乙方支付经纪服务费用。如果甲方已支付的，则乙方应在收到甲方书面退还要求之日起10个工作日内将经纪服务费用退还甲方。

（四）其他：____。

乙方收到服务费用后，应向甲方开具正式发票。

第五条　资料提供和退还

甲方应向乙方提供完成本合同第二条约定的经纪服务内容所需要的相关有效身份证明等资料，乙方应向甲方开具规范的收件清单，对甲方提供的资料应妥善保管并负保密义务，除法律法规另有规定外，不得提供给其他任何第三方。乙方完成经纪服务内容后，除归档留存的复印件外，其余的资料应及时退还甲方。

第六条　违约责任

（一）乙方违约责任

1. 乙方在为甲方提供经纪服务过程中应勤勉尽责，维护甲方的合法权益，如果有隐瞒、虚构信息或与他人恶意串通等损害甲方利益的，甲方有权单方解除本合同，乙方应退还甲方已支付的相关款项。如果由此给甲方造成损失的，乙方应承担赔偿责任。

2. 乙方应对经纪活动中知悉的甲方个人隐私和商业秘密予以保密，如果有不当泄露甲方个人隐私或商业秘密的，甲方有权单方解除本合同。如果由此给甲方造成损失的，乙方应承担赔偿责任。

3. 乙方遗失甲方提供的资料原件，给甲方造成损失的，乙方应依法给予甲方经济补偿。

4. 其他：____。

（二）甲方违约责任

1. 甲方故意隐瞒影响房屋交易的重大事项，或提供虚假的证明等相关资料，乙方有权单方解除本合同。如果由此给乙方造成损失的，甲方应承担赔偿责任。

2. 甲方自行与乙方引见的房屋出租人签订房屋租赁合同的，应按照【本合同第四条约定的经纪服务费用标准】【__________】向乙方支付经纪服务费用。

3. 甲方泄露由乙方提供的房屋出租人资料，给乙方、房屋出租人造成损失的，应依法承担赔偿责任。

4. 其他：____。

（三）逾期支付责任

甲方与乙方之间有付款义务而延迟履行的，应按照逾期天数乘以应付款项的万分之五计算违约金支付给对方，但违约金数额最高不超过应付款总额。

第七条　合同变更和解除

变更本合同条款的，经甲乙双方协商一致，可达成补充协议。补充协议为本合同的组成部分，与本合同具有同等效力，如果有冲突，以补充协议为准。

甲乙双方应严格履行本合同，经甲乙双方协商一致，可签署书面协议解除本合同。如果任何一方单方解除本合同，应书面通知对方。因解除本合同给对方造成损失的，除不可归责于己方的事由和本合同另有约定外，应赔偿对方损失。

第八条　争议处理

因履行本合同发生争议，甲乙双方协商解决。协商不成的，可由当地房地产经纪行业组织调解。不接受调解或调解不成的，【提交______仲裁委员会仲裁】【依法向房屋所在地人民法院起诉】【____】。

第九条　合同生效

本合同一式______份，其中甲方______份、乙方______份，具有同等效力。

本合同自甲乙双方签订之日起生效。

甲方（签章）：______________　　甲方代理人（签章）：____________

乙方（签章）：______________

房地产经纪人/协理（签名）：____________　　证书编号：__________

房地产经纪人/协理（签名）：____________　　证书编号：__________

联系电话：__________________

签订日期：　　　年　　月　　日

附件

房屋承租人及其代理人（有代理人的）的有效身份证明复印件。

后　记

本书是国家职业资格——“房地产经纪专业人员职业资格”中的房地产经纪人协理职业资格考试用书之一。本书自 2016 年正式出版，本次印刷出版的《房地产经纪操作实务》为第二版。

与第一版相比，第二版主要对本书的整体结构做了微调，对各章节内容进行更新和完善，修订了用语、用词及表达上的错误和不足。具体地，第一章中，主要对业务流程的环节和阶段进行了相应调整，使阶段划分更符合法律法规规定、贴近实际操作；第二章中，补充了对房源、客源、价格信息管理的内容，修订了房源信息发布的必要内容及真实标准；第三章中，根据中房学 2017 年发布的房地产经纪服务合同推荐文本，修订了相应内容；第四章中，根据中房学 2017 年发布的房屋状况说明书推荐文本，修订了相应内容；第五章中，更新了过时的法律法规，增加了实践中发生的交易合同纠纷案例；第六章中，主要对文字表述进行了修改；第七章中，简化了房屋交付中需要查验的内容，与实际操作更为贴近；第八章中，增加了个人住房贷款代办、不动产登记代办的内容，删除了业务风险防范的内容，将其调整至房地产经纪综合能力一书。

为更好地适应房地产经纪行业发展要求，力争体现有关的最新法规政策、现实情况和研究成果，本书原则上每两年修订一次。限于水平，本次修订还会存在某些疏漏之处，恳请广大读者指出不足、提出修改意见建议，以便下次修订予以改进。

本书由中国房地产估价师与房地产经纪人学会副秘书长王霞博士任主编、承担主要撰写工作，沈阳工程学院黄英教授任副主编，撰写部分章节及参与全书统稿工作，参加本书撰写的人员还有北京链家房地产经纪有限公司张勇总监、同济大学曹伊清教授、天津国土资源和房屋职业学院张弘武教授等。程敏敏、郑帅、王明珠、王欢、赵庆祥、寇海龙、徐颖、王大刚、张杨杨等对本书提出了许多修改意见和建议。在此谨向他们表示衷心的感谢！

编者

2018 年 3 月